Funerais de Matar de Rir

As tradições e práticas funerárias mais loucas,
assustadoras e bizarras de todos os tempos

Kathy Benjamin

Funerais de Matar de Rir

As tradições e práticas funerárias mais loucas,
assustadoras e bizarras de todos os tempos

Tradução:
Soraya Borges de Freitas

MADRAS®

Publicado originalmente em inglês sob o título *Funerals to Die For*, por F+W Media.
© 2013, F+W Media, Inc.
Direitos de edição e tradução para o Brasil.
Tradução autorizada do inglês.
© 2014, Madras Editora Ltda.

Editor:
Wagner Veneziani Costa

Produção e Capa:
Equipe Técnica Madras

Tradução:
Soraya Borges de Freitas

Revisão da Tradução:
Jefferson Rosado

Revisão:
Silvia Massimini Felix
Margarida Ap. Gouvêa de Santana
Arlete Genari

Dados Internacionais de Catalogação na Publicação (CIP)
(Câmara Brasileira do Livro, SP, Brasil)

Benjamin, Kathy
Funerais de matar de rir : as tradições funerárias mais loucas, assustadoras e bizarras de todos os tempos / Kathy Benjamin ; tradução Soraya Borges de Freitas. -- São Paulo : Madras, 2014.
Título original: Funerals to die for.

ISBN 978-85-370-0938-3

    1. Enterro 2. Morto 3. Ritos fúnebres e cerimônias I. Título.

14-10525   CDD-393.93

Índices para catálogo sistemático:
1. Ritos fúnebres : Costumes mortuários 393.93

Todos os direitos desta edição, em língua portuguesa, reservados pela

MADRAS EDITORA LTDA.
Rua Paulo Gonçalves, 88 – Santana
CEP: 02403-020 – São Paulo/SP
Caixa Postal: 12183 – CEP: 02013-970
Tel.: (11) 2281-5555 – Fax: (11) 2959-3090
www.madras.com.br

Para Simon

Agradecimentos

Este livro não seria possível sem a ajuda de muitas pessoas incríveis. Gostaria de agradecer ao meu marido Simon por conseguir mesclar seu cérebro científico com a loucura em que os escritores vivem e por todo o tempo que ele passou ajudando a deixar esta obra o melhor possível. Halli, minha querida editora, sem a qual este livro jamais teria existido, por sua paciência e inúmeros *e-mails* positivos, bem como por segurar minha mão durante todo esse processo maluco. Gostaria de agradecer a toda a minha família e aos meus amigos, que me mantiveram com a cabeça no lugar e contribuíram com ideias, seja *on-line* ou ao vivo. Gostaria de agradecer a minha mãe e meu pai por me aguentarem por 30 anos e a minha irmã Lisa por não me pedir para revisar sua tese de mestrado na semana do prazo de entrega da primeira versão deste livro.

Obrigada a todos os editores que me acompanharam neste ponto da minha carreira, principalmente aqueles da Cracked.com e Mental Floss. Gente, sem vocês eu ainda estaria no comércio. Devo a cada um meu primogênito, então espero que eu tenha sétuplos.

Por fim, meu muitíssimo obrigada a todos que leram meu trabalho e compraram este livro.

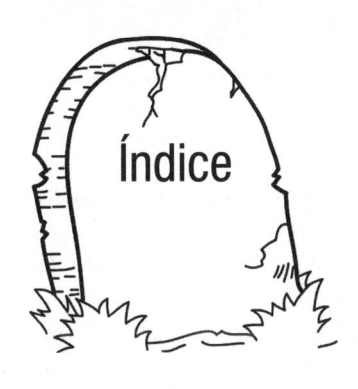

Índice

Introdução

Você vai morrer.

É verdade e é algo que todos nós um dia devemos aceitar. Você vai morrer e não importa que tipo de vida após a morte, ou a falta dela, considere ser seu destino, o corpo que deixa para trás de forma tão repentina precisa ser descartado o mais rápido possível.

Se você conseguiu aceitar sua mortalidade em algum momento, deve ter deixado para trás um pedido do que gostaria que acontecesse com seu corpo. E, se for como a grande maioria das pessoas no mundo, terá escolhido algo bem chato, como um enterro-padrão ou a cremação com suas cinzas espalhadas em algum lugar bonito. Mas você não sabe que há dúzias de outras opções, abrangendo tudo, desde a ecologicamente correta, passando pela assustadora até a totalmente ilegal. Por que não começar algumas novas tradições malucas ou pegar emprestado de outras culturas algumas das mais loucas? Você quer calças de couro feitas com a pele de um amigo? Sem problema. "I'm Too Sexy", do Right Said Fred, pode não parecer uma música de velório típica, mas é muito mais popular do que você imagina, então vá em frente e peça para um DJ tocá-la enquanto seu caixão desce na cova. Você sempre quis ir para o espaço? Não deixe a mínima inconveniência de estar morto impedi-lo. Afinal, há 7 bilhões de pessoas no planeta agora e cada uma delas precisará de um funeral um dia. Vamos deixá-los incríveis!

Funerais de Matar de Rir dá uma olhada em mais de cem das maneiras mais estranhas, assustadoras e meio nojentas com que as pessoas lidaram com a morte há milhares de anos. Então, sente-se aí – talvez não antes ou depois de comer, por precaução – e vamos devolver a alegria ao funeral! Divirta-se!

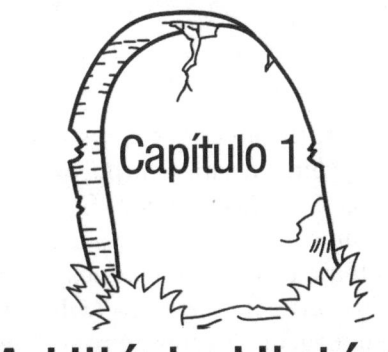

A Hilária História
do Sepultamento

mbora você ache que enterrar seus mortos possa ser bem autoexplicativo (abrir uma cova e chorar um pouco em cima dela), a história prova que não há limites para a imaginação humana, principalmente no que diz respeito a se livrar de cadáveres. Desde que a humanidade teve a ideia de chorar seus mortos, ela tem tentado aperfeiçoar o processo e se deparado com alguns rituais bem bizarros ao longo do caminho. Embora algumas das coisas que começaram como formas loucas e meio nojentas de lidar com cadáveres tenham se tornado comuns agora, tais como a cremação e outras modas, como tirar retratos formais de mortos, com sorte ficarão na história. E, embora comer seus parentes por amor possa parecer estranho, você realmente acha que embalsamar um cadáver é menos nojento? (A resposta é não, não mesmo.)

Os primeiros enterros

Os arqueólogos aprendem muito sobre a humanidade com as práticas ritualísticas de enterro. Na verdade, enterrar pessoas de modo simbólico, em vez de apenas descarregar o corpo porque fede, é considerado por muitos paleoantropólogos como diretamente ligado a muitos outros desenvolvimentos importantes no comportamento humano. Quando o *Homo sapiens* desenvolveu a linguagem e as crenças religiosas, também começou a ter ideias sobre a morte e a vida após ela, a ponto de arranjarem túmulos bem pensados.

Os seres humanos não são os únicos animais a terem algum tipo de prática de sepultamento, mas somos de longe os mais complexos em relação a isso. Enquanto os elefantes podem voltar a seus cemitérios de elefantes para morrer, pode-se dizer que os seres humanos começaram a se tornar humanos na primeira vez que acrescentaram itens a uma sepultura por outro motivo além de para o corpo, ou pelo menos o espírito, do falecido ainda ter acesso a essas coisas. Embora haja evidência de alguns prodígios pré-humanos começarem a acrescentar uma ou duas facas de pederneira a túmulos há 320 mil anos, foi só há aproximadamente 100 mil anos que o ritual de enterro realmente decolou. Com o desenvolvimento da linguagem, os seres humanos puderam mostrar aos outros suas ideias sobre vida e morte, e assim uma tribo poderia explicar essas crenças para outros povos. Logo, todos os humanos estavam cavando covas e acrescentando itens funerários na esperança de alegrar o espírito do morto na vida após a morte. De repente, as pessoas tinham uma ligação com os mortos; eles não eram mais apenas corpos, mas algo a ser respeitado com ritos fúnebres.

Ainda demorou um bom tempo até todas as culturas terem uma religião estabelecida e os ritos fúnebres que a acompanham. Por volta de 12 mil anos atrás, toda cultura tinha sua própria maneira especial de descartar seus mortos, mas essas técnicas mudaram drasticamente nos 12 milênios seguintes e continuam a mudar muito hoje. Tecnologias em desenvolvimento nos permitem descartar os corpos de formas tais que nossos ancestrais nem poderiam sonhar. Na verdade, a cremação tornou-se aceitável no mundo ocidental apenas há cerca de cem anos, e hoje o mercado funerário é uma indústria de bilhões de dólares por ano. Embora tenhamos diferenças enormes em nossas crenças ou na falta delas, uma coisa nos une como humanos: quando esses cadáveres aparecem, vamos descartá-los baseados em 100 mil anos de rituais cada vez mais complexos. Simples, né? Leiam e se surpreendam, meus amigos. Sigam em frente.

> Ele é uma daquelas pessoas que
> seria muitíssimo melhorado pela morte.
> H.H. Munro (Saki), autor (falecido em 1916)

Locais de descanso não tão eterno

Nem mesmo as pessoas começavam a enterrar seus mortos, já havia outros vindo atrás e desencavando-os. Embora alguns roubassem mesmo os corpos, a maioria estava atrás dos doces ganhos enterrados com o falecido. Quase toda pirâmide ou tumba de um rei egípcio foi roubada inúmeras vezes décadas após sua morte por causa de todo o tesouro guardado dentro dela. Os túmulos dos aristocratas chineses foram roubados tantas vezes que por séculos os arqueólogos acharam que as vestimentas funerárias de jade de que tanto falavam os cronistas não passavam de uma lenda.

Uma das ondas de roubos a túmulos mais estranhas ocorreu por três anos durante a década de 1860 em Salt Lake City, Utah. Embora você provavelmente possa entender por que as pessoas que precisassem de uma grana extra ou alguns criminosos profissionais meio estranhos escavariam túmulos para encontrar algo de valor para revender, Jean Baptiste – um coveiro local – fazia isso pelo amor à moda. E também porque ele era bem pirado.

Os crimes de Baptiste poderiam nunca ter sido descobertos, mas, em 1862, um policial matou três criminosos a tiros. As famílias de dois dos homens cuidaram dos enterros de seus parentes, mas ninguém reclamou pelo terceiro corpo. Um morador solidário se ofereceu para pagar por um traje apropriado para o falecido e o criminoso foi enterrado no cemitério de Salt Lake City. Alguns meses depois, seu irmão ouviu falar do que aconteceu e pediu que o corpo fosse exumado e transferido para um cemitério diferente. Todos os envolvidos ficaram chocados quando abriram o caixão e o cadáver estava completamente nu. Não tinha nem uma gravata-borboleta ou um chapéu.

Sem ideia de onde começar a procurar pelo culpado, o dono do cemitério recomendou à polícia perguntar a John Baptiste se ele vira alguém estranho por lá. Quando os tiras apareceram na casa de John, ele não estava lá, mas sua esposa os deixou entrar. Descrita depois como uma "mulher simplória", obviamente não lhe parecia estranho que houvesse caixas por toda a casa cheias de roupas "sujas com carne humana", mas a polícia notou logo. O Baptiste bem vestido foi preso e acusado de despojar mais de 300 cadáveres de sua dignidade.

Brigham Young, então chefe da Igreja Mórmon e governador do território de Utah, não quis exaltar o crime embaraçoso e tranquilizou seus seguidores dizendo que, se eles enterrassem de novo todas as roupas em um grande túmulo, todos os seus parentes se levantariam no fim dos tempos totalmente vestidos – não com seus membros balançando para Jesus apontar e rir. Isso o livrou de ter de escavar todo o cemitério procurando por corpos nus, embora pedir para voluntários ajudarem provavelmente afastaria alguns malucos bem depressa. Young também se certificou de que os jornais locais minimizassem a importância do incidente e convenceu todos de que Baptiste deveria ser banido, e não executado. Como castigo, o ladrão de túmulos mais elegante foi enviado para uma ilha inóspita no meio de um lago, mas não antes de ganhar uma nova tatuagem bem fora da moda. Como parte de seu castigo, as palavras "Gravado por Roubar os Mortos" foram tatuadas em sua testa. Precisaria de umas roupas bem no estilo Lady Gaga para distrair as pessoas daquela *tatoo* no rosto – ou pelo menos uma multidão de internos de uma prisão de segurança máxima.

Cidade dos mortos

Se algum dia você se vir em uma das partes mais devastadas pela guerra da Rússia, haverá uma chance de acabar em um passeio de ônibus de três horas, seguido de uma trilha de alguns quilômetros, para enfim chegar a uma cidade com casinhas cheias de mortos. Nem preciso dizer que a vodka russa é uma bebida dos infernos e, quanto mais você bebe, mais provável é a chance de esse passeio acontecer.

A "cidade" de Dargavs é na verdade uma necrópole (literalmente "cidade dos mortos") na Ossétia do Norte, e suas duas dúzias de casas que parecem saídas de um conto de fadas só foram usadas para abrigar os mortos, ou pelo menos as pessoas que estivessem a caminho da morte. Além do terror surreal dessa área isolada, há um terreno montanhoso adjacente praticamente ermo que dá à área uma atmosfera bem claustrofóbica. Para deixar as coisas ainda mais estranhas, muitos dos mortos são colocados em barcos de madeira, um toque curioso, pois não há rios navegáveis na área. Aparentemente, os locais acreditavam que os mortos tinham de cruzar um rio para chegar à vida após a morte, então eles os ajudavam.

> A "cidade" de Dargavs é na verdade uma necrópole (literalmente "cidade dos mortos") na Ossétia do Norte, e suas duas dúzias de casas que parecem saídas de um conto de fadas só foram usadas para abrigar os mortos, ou pelo menos as pessoas que estivessem a caminho da morte.

As 95 "casas" com suas paredes de tijolo branco e telhados pontudos parecem propícias a ser o lar dos anões da Branca de Neve. A única coisa meio lúgubre nelas é o fato de todas terem apenas uma janelinha. Se seu rombencéfalo não estiver gritando com você na hora para sair dali e achar o bar mais próximo, você pode ficar tentado a olhar dentro das casas. Você não verá quase nada, exceto alguns esqueletos e o último fragmento de sua sanidade.

Quando começou no século XVII, a peste destruiu a área. Até o início do século XVIII, a população da região diminuiu de 200 mil para 16 mil. Embora a cadeia montanhosa já fosse um cemitério local desde o século XV, com a peste, construir essas estruturas por lá se tornou uma necessidade. Em alguns casos, pessoas que perderam toda a sua família para a doença e não tinham mais ninguém para enterrá-las quando morressem entravam em uma das casas e esperavam pelo inevitável. Outras entravam logo depois de descobrirem que estavam doentes, para se isolarem do resto da população. Pessoas gentis jogavam pão pelas janelinhas e, se o doente sobrevivesse à peste, voltaria para casa. Enquanto as construções se tornavam uma visão mais comum na montanha, famílias construíam sua própria casa-túmulo para parentes já falecidos.

Caminhar por uma verdadeira cidade fantasma coberta de neblina é uma experiência bem assustadora, e o folclore local diz que quem entra na cidade não sai dela vivo. Espera-se que isso não inclua as pessoas que vão lá enterrar seus entes queridos ou um funeral poderia eliminar toda uma família – se a peste não os atingisse primeiro.

Estou tentando morrer direito, mas é muito difícil, sabia?
Lawrence Durrell, autor (falecido em 1990)

Catacumbas

Na Idade Média, Paris tornou-se um lugar muito popular de se viver. Infelizmente para aqueles que gostavam de manter seus dias livres de mortos, a lógica francesa ditava que, por consequência, era também um lugar popular para morrer. Quando a expansão urbana aumentou bem ao lado das igrejas, elas perderam a capacidade de expandir seus cemitérios, mas as pessoas ainda queriam ser enterradas lá. O espaço que se dane, porque até depois da morte ninguém queria sair da bela cidade e ir para os subúrbios. Logo, até o maior cemitério da cidade estava abarrotado de restos humanos. O suprimento de água foi contaminado e o cheiro era insuportável. Não havia simplesmente espaço nenhum para os mortos continuarem a ocupar um espaço perto dos vivos.

Felizmente, alguém lembrou que Paris já tinha túneis sob a maior parte da cidade, deixados pelas tentativas de mineração séculos antes. De 1786 a 1788, as pessoas da Cidade Luz exumaram praticamente todos os seus mortos e os colocaram nas catacumbas recém-consagradas. Como os parisienses abominam uma decoração simples, logo alguns dos ossos foram arranjados para formar paredes de três metros de altura, cobrindo a maior parte dos túneis. Havia bastante material de construção, pois os restos de aproximadamente 6 milhões de pessoas foram guardados lá. As catacumbas tornaram-se uma atração turística popular quase de imediato e supõe-se que pelo menos uma pessoa tenha se perdido e morrido lá embaixo em 1793. Durante a Segunda Guerra Mundial, tanto a Resistência Francesa quanto os nazistas usaram os túneis para operações de guerra (imagine o jogo *Doom* da vida real). Embora ainda sejam populares hoje, os túneis impedem a construção de quase qualquer edifício alto em Paris, pois uma fundação grande o suficiente teria destruído partes deles.

... logo, alguns dos ossos foram arranjados para formar paredes de três metros de altura, cobrindo a maior parte dos túneis.

Embora haja algo nas paredes feitas de ossos anônimos que o faz se sentir completamente insignificante, as Catacumbas dos Capuchinhos de Palermo definitivamente superam as de Paris no fator susto. No século XVI, um mosteiro na cidade italiana ficou sem espaço em seu cemitério próprio e escavou uma cripta embaixo dele. Usando algumas técnicas bem originais, eles secaram os corpos de monges mortos naturalmente nas catacumbas e os expuseram em seu melhor traje. Logo, as pessoas ricas da área resolveram que isso soava bem mais divertido do que só apodrecer na terra – afinal, para que serviam as roupas funerárias caras, se ninguém iria vê-las? Em troca de doações, os monges começaram a deixar outras pessoas serem colocadas para o descanso eterno sob seu mosteiro, e até enfeitavam os corpos de novas formas quando os estilos mudavam.

Famílias eram convidadas a visitarem seus parentes, desde que mantivessem os pagamentos em dia. Se o dinheiro parasse de entrar, os monges tiravam o corpo de sua estante e o colocavam em um local mais afastado. No fim, havia tantos mortos que os monges os organizaram em áreas diferentes, com alas das catacumbas dedicadas apenas às mulheres, crianças e virgens, entre outros. Mesmo com o fim dos enterros na década de 1920, você ainda pode visitar os mortos. A maioria fica em estantes cobrindo as paredes, mas alguns mais bem preservados estão pendurados em ganchos e algumas famílias mandaram colocar seu parente em uma pose para toda a eternidade.

O exército de terracota

Em 221 a.C., Qin Shi Huang tornou-se o primeiro imperador de uma China unificada na tenra idade de 13 anos. Enquanto a maioria dos meninos pré-adolescentes estaria pensando na garota por quem eles têm uma queda e como convencer seus pais a comprar para eles o mais novo *video game*, Qin sabia o que realmente importava na vida: a morte. Ou melhor, e ainda mais importante, como ele seria lembrado depois. Por isso, quase imediatamente após assumir o trono, ele ordenou que começassem a construção de seu gigantesco túmulo, que provoca admiração até hoje.

Em dado momento, Qin passou de menino a um rei merecedor de uma tumba tão grandiosa. Ele escolheu o ponto para seu enterro porque a terra na região estava cheia de minas de ouro e jade, itens que ele considerava valiosos por sua beleza impressionante. Apesar de ter 700 mil homens trabalhando em seu túmulo pelo resto de sua vida, quando Qin envelheceu, ele começou a pirar com a perspectiva de realmente morar lá um dia e tentou forçar as maiores mentes de seu reino para encontrar o segredo do elixir da vida. Embora tivesse sido impressionante se ele conseguisse, seria uma pena um dos maiores túmulos da história ser desperdiçado. E, de fato, o túmulo não ficou vazio por muito tempo; Qin tinha apenas 49 anos quando foi sepultado em seu grande mausoléu.

Então, em que tipo de lugar ele passaria o resto da eternidade? Antes de qualquer coisa, tinha mais de 1.114 metros quadrados. Dúzias de salas foram reservadas para guardar alguns dos maiores tesouros do mundo já vistos. Um jardim foi construído com as folhas das árvores feitas de jade maciça. O domo do túmulo foi cravejado de pérolas incrustadas em pedras preciosas azuis, para parecerem estrelas no céu noturno. Um "rio" foi feito de mercúrio, o que significa que se alguém ali ainda não estivesse morto, morreria quase na hora. Mas a parte mais famosa da tumba de Qin foram os 8 mil soldados de terracota esculpidos para servirem de guarda lá fora. Toda figura é única, com seu próprio estilo de cabelo e expressão facial. Cada soldado tem uma graduação e alguns têm cavalos.

Embora a maior parte do túmulo tenha sido escavada desde sua redescoberta nos anos de 1970, os arqueólogos ainda não tentaram chegar perto da câmara funerária, em grande parte por acharem que, seja lá o que for que encontrarem, será tão valioso que será quase impossível guardar. Com riquezas como essa, não é de admirar que Qin tivesse tanto medo de deixá-las para trás. Como se diz "não pode ser levado com você" em chinês?

Eles dizem coisas tão legais sobre as pessoas em seus funerais que me entristece perceber que vou perder as minhas alguns dias antes.
Garrison Keillor, autor e personalidade do rádio

Bebidas por conta do morto

Os funerais podem ser momentos de luto, mas ainda se espera que os anfitriões alimentem os presentes. Só porque o cara no caixão não come mais não quer dizer que todos os outros não vão querer bebidas e petiscos para abrandar todo o acontecimento. Isso, combinado ao fato de a maioria não conhecer todos os amigos de seu parente falecido no local, significa que completos estranhos sem um pingo de vergonha conseguiram filar a boa comida de famílias desoladas por séculos.

Esses penetras de funeral são chamados de placebos. (Aliás, nosso uso moderno de *placebo* vem dessas pessoas, que "enganavam para agradar", assim como fazem as pílulas falsas.) No Ofício dos Mortos do breviário católico, a congregação começa cantando *placebo Domino in regione vivorum* ("Agradarei ao Senhor na terra dos vivos"). Em algum momento, as pessoas que apareciam e cantavam o rito ficaram conhecidas como "cantores placebo" por causa da primeira palavra da oração. Estranhos fazendo isso apenas para conseguir uma boca-livre eram aparentemente comuns no século XIV, pois Chaucer inclui uma referência a eles em *The Canterbury Tales*, mas a prática continua até hoje. Como muitos funerais são eventos ostensivamente públicos e são até anunciados em jornais ou informes da igreja, nada impede as pessoas de aparecerem. E mesmo que a família se preocupe com os penetras, eles obviamente têm mais o que pensar na ocasião do que verificar se todos que pegam um salgadinho realmente conversaram com o falecido pelo menos uma vez durante a vida dele.

Dizem que o autor polonês Witold Gombrowicz viveu na pobreza na Argentina e usava os funerais como boca-livre durante as décadas de 1950 e 1960. Em 2007, a apresentadora de televisão inglesa Victoria Coren ouviu falar de um grupo que frequentava funerais pela bebida livre e se preparou para pegá-los. Ela colocou um obituário falso sobre o inexistente *sir* William Ormerod nos jornais, destacando que o funeral seria "seguido de um coquetel". Os bicões entraram em contato com ela pedindo convites para a cerimônia, insistindo que eles conheciam a criatura de sua imaginação e o falecido realmente gostaria que eles entornassem todas por sua conta uma última vez.

O placebo mais famoso dos últimos anos foi um artista chamado Reese Tong, da Nova Zelândia. Os donos de funerárias de lá o apelidaram de *Grim Eater* ("Comilão Repugnante") por sua inclinação em aparecer em até quatro cerimônias fúnebres por semana atrás da boca-livre. Não contente em apenas aproveitar enquanto estava lá, ele também levava *tupperwares* em uma mochila e, quando os anfitriões não estavam olhando, ele pegava as sobras. Não demorou muito para que as pessoas no comando percebessem que esse homem não poderia conhecer todos aqueles falecidos. Eles o puxaram de lado e lhe disseram para se afastar. Quando isso não funcionou, começaram a avisar os outros sobre ele e logo sua foto e *modus operandi* foram enviados a todas as funerárias da região. Para sermos justos, ele pelo menos se esforçava, chegando sempre bem-vestido e apresentando suas condolências com o restante dos presentes. Pelo menos ele ganha um 10 pelo esforço.

Precauções contra mortos-vivos

Na Idade Média, a Europa tinha um problema. Não existia saneamento básico, havia o lance da Peste Negra, a taxa de mortalidade não era baixa e a medicina era rudimentar, para dizer o mínimo, pois o verdadeiro problema era o número crescente de vampiros. As pessoas simplesmente não paravam de se levantar dos túmulos. Pelo menos isso é o que o amigo de um amigo disse e, se você não confiar na palavra de segunda mão de um ilustre desconhecido, em quem poderia confiar?

Também nunca eram as pessoas boas e trabalhadoras que pareciam reanimar, então quando indesejáveis (estranhos, assassinos, mulheres solteiras, etc.) morriam de repente, ou misteriosamente, e seus corpos eram preparados muitas vezes de forma a impedi-los de voltar como vampiros ou zumbis e matar as pessoas. Toda região tem sua versão original do ritual funerário, acrescentando um pouco da habilidade étnica para a prevenção de vampiros. É como a culinária local; o que poderia parecer uma forma perfeitamente adorável de mutilar um cadáver na França seria tão apreciada quanto pernas de rã na Rússia.

As primeiras tentativas para impedir os mortos de se levantarem podem ter ocorrido na Irlanda por volta de 700 d.C., o que é impressionante, pois isso foi centenas de anos antes de alguém cunhar a palavra "vampiro", e mais centenas antes de Stephanie Meyer arruiná-los para sempre, fazendo-os brilhar. Arqueólogos descobriram recentemente dois esqueletos enterrados em separado, ambos com pedras grandes na boca. E não eram pedras que poderiam ter se assentado lá nos últimos 1.300 anos, mas sim uma tentativa deliberada de manter os mortos enterrados. As pedras eram colocadas com violência, quase deslocando a mandíbula do homem. Ainda assim, provavelmente dói menos do que uma visita ao ortodontista. A técnica da pedra grande na boca deve ter funcionado para manter esses caras enterrados, pois ela tem um forte poder de escoramento. Uma equipe arqueológica diferente encontrou um esqueleto do século XVI com um tijolo enfiado na boca na Itália, mostrando que a tecnologia para mortos-vivos obviamente não mudou muito em 700 anos ou mais de 1.500 quilômetros.

Claro que o modo mais famoso de derrubar um vampiro é uma estaca no coração, e isso aconteceu na vida real, não apenas em romances góticos de quinta. Em 2012, dois novos cadáveres entraram para a lista de uns cem já descobertos na Bulgária com barras de madeira ou metal atravessadas em seus corpos. Os búlgaros obviamente precisavam desesperadamente de cursos introdutórios sobre como pôr pedras nas bocas.

Mas antes de rir dessas pessoas medievais malucas e suas cabecinhas, as mesmas técnicas ainda foram usadas em partes da América até o início do século XX. Era uma prática conhecida enterrar os suicidas às vezes em uma encruzilhada ou com uma estaca no túmulo, para impedir o retorno da alma irrequieta. Mas a história de vampiro mais famosa aconteceu na Nova Inglaterra durante a década de 1890. Uma logo após a outra, uma mãe chamada Mary e suas filhas, Mary Olive e Mercy Brown, morreram de tuberculose. A família ficou triste, mas na época isso acontecia muito. Porém, quando o filho adoeceu, os vizinhos tiraram a conclusão óbvia de que uma das falecidas era uma vampira e estava deixando o pobre menino doente. Uma multidão exumou todos os corpos. Enquanto as Marys tinham começado a se decompor, Mercy ainda parecia muito bem para uma morta. Ela também tinha mudado de posição, virando de lado. Obviamente, isso significava que ela era uma morta-viva e não apenas que os coveiros jogaram seu caixão de qualquer jeito. Como ela era claramente uma vampira, seu pai extirpou seu coração, cortou-o e depois queimou, misturou as cinzas com água e mandou os membros da família beberem para não adoecerem. Mesmo sendo provavelmente menos eficaz, essa mistura tinha quase com certeza um gosto melhor do que um xarope para resfriado. Os historiadores acreditam que queimas de coração semelhantes foram comuns na Nova Inglaterra por mais de 150 anos nos séculos XVIII e XIX. Agora esses búlgaros medievais estão parecendo bem avançadinhos, né?

De acordo com a maioria dos estudos, o medo número um das pessoas é falar em público. O número dois é a morte... Isso significa que, quando a pessoa comum for a um funeral, é melhor estar dentro do caixão do que fazendo o discurso da eulogia.
Jerry Seinfeld, comediante

Queime, querido, queime

Dependendo de onde você morar, queimar os corpos após a morte é uma prática antiga ou uma moderna controvérsia. De qualquer forma, é um baita churrasco de despedida e uma boa forma de assegurar que o hospital público aonde sua família pobre o levou diagnosticou direito toda a coisa da "morte".

O número de cremações ainda varia muito de um país ao outro, com 99% de todos os japoneses escolhendo a imolação após a morte, enquanto que menos de 10% dos poloneses fazem isso. Os números fazem sentido quando se percebe que há um longo histórico de cremação no mundo oriental, ao passo que na maior parte do Ocidente ela era considerada antirreligiosa, bárbara e suspeita, até que um criminoso, brincando de se vestir durante a fuga, levou a cremação à frente das sociedades europeia e americana. O dr. William Price trouxe a discussão à baila em 1884, porque, se alguém sabia como tomar decisões calmas e racionais sobre a morte, esses eram os vitorianos.

Desde 1968, as cremações superaram os enterros no Reino Unido. Mas menos de cem anos antes, as pessoas nem sabiam se queimar um cadáver era legal. Ocorreram cremações no Reino Unido antes desse ano, mas poucas foram anunciadas, porque a Hallmark ainda tinha de estocar convites com "Vamos fazer uma cremação!". Um crematório foi construído em Londres em 1879, mas, por causa da controvérsia pública, nada além de um cavalo foi queimado nos seis anos seguintes. Sociedades de cremação foram formadas (porque os ricos do século XIX estavam *beeem* entediados) e tentaram convencer o país dos benefícios da prática, incluindo o fato de que mulheres vitorianas pagãs não sofreriam a indignidade de terem os cadáveres invadidos por larvas e vermes, algo que todos concordam não ser nada digno de uma *lady*. Mas a opinião pública estava contra elas. Os profissionais funerários em geral garantiram que a cremação não era uma opção aceitável e, sabendo que ela reduziria seus negócios, embalsamadores e fabricantes de caixão embarcaram em sua própria campanha de propaganda, provavelmente usando *slogans* antiquados como "Não seja um lança-chamas".

Então apareceu o galês maluco. O dr. Price era um médico de ofício que acreditava em algumas das ideias políticas mais controversas da época, incluindo socialismo, vegetarianismo, amor livre e a expansão do direito ao voto a todos (exceto mulheres, obviamente, porque isso seria loucura). Depois de fugir da Grã-Bretanha para não ser preso, ele resolveu voltar para se tornar um sacerdote druida autodesignado completo, com sua própria versão criativa do traje "tradicional", incluindo um chapéu de pelo de raposa, roupa toda verde e uma barba longa. Afinal, nada diz "Por favor, me leve a sério" tão bem quanto se vestir como Papai Noel no dia de lavar a roupa. Com 81 anos, Price adotou um menino e o chamou de Jesus Cristo, provando que as celebridades sempre deram nomes estranhos aos filhos. Lamentavelmente, o menino morreu apenas cinco meses depois e o médico anunciou sua intenção de queimar o corpo do filho em uma pira.

A polícia foi alertada quando o dr. Price começou a cremar seu filho. Ele foi preso e levado a julgamento. O juiz determinou que, embora a cremação não fosse socialmente aceita, não havia uma lei tornando-a ilegal, o que significava que você provavelmente não seria mais convidado para as melhores festas se as pessoas descobrissem. Sob o direito comum inglês, essa decisão efetivamente legalizou a prática. Price cremou seu filho e aos poucos, mas com certeza, outros seguiram o exemplo. Embora muitos líderes cristãos levantassem objeções no Reino Unido e na América, dizendo que deveria haver um corpo completo para Jesus ressuscitar no fim dos tempos, outros foram mais receptivos. Vários bispos interromperam os caluniadores observando que, com certeza, um Deus que poderia levantar corpos que havia muito viraram pó poderia levantar outros que mais recentemente viraram cinzas, ao que o dr. Price, se ele tinha algum senso de ironia cômica, deveria ter respondido, "Oooo, eles queimaram o filme, hein?".

Decoração de interiores de dar arrepios

Os alunos de faculdades fazem duas coisas quando visitam a República Tcheca enquanto fazem mochilão na Europa para "se encontrar". Uma é conferir a incrível cena noturna e beber o inebriante absinto, e a outra é visitar uma capela católica pequena e afastada. Se os turistas tomarem o absinto logo antes de visitar a capela, eles podem "se encontrar" confinados em uma instituição mental quando começarem a contar às pessoas sobre ver esqueletos subindo pelas paredes enquanto estavam lá. Porque, embora por fora o Ossuário Sedlec pareça apenas uma igrejinha comum cercada por um grande cemitério, por dentro é uma das construções mais macabras do mundo.

Tudo começou em 1278, quando um monge voltou de Jerusalém com um saquinho cheio de terra. Ele dizia ser do monte onde Jesus foi crucificado e começou a espalhá-la pelo pequeno cemitério do mosteiro, impregnando-o com a benevolência divina. Da noite para o dia esse pedacinho de terra tornou-se o local para enterro mais popular em toda a Europa Central. Impressionou também o fato de milhares de famílias, que teriam enterrado seus parentes devotos na Terra Santa, se não fosse pela inconveniência de viajar centenas de quilômetros com um cadáver, decidirem ser enterradas em um local com um pouco de terra supostamente de um monte onde Jesus pode ter estado há mais de mil anos. O cemitério já começava a ficar sem espaço quando a Peste Negra atingiu a Europa. De repente, corpos tiveram de ser enterrados a menos de seis palmos para caber todo mundo, resultando em uma perturbadora orgia cadavérica no subterrâneo. Alguns dos corpos mais antigos eram apenas desenterrados e substituídos por novos, porque você não pode reclamar quando está morto.

Quando os membros começaram a despontar do chão ao acaso, os monges perceberam que tinham de fazer alguma coisa a respeito do problema do espaço. Eles mandaram um dos monges exumar ainda mais corpos e depositar os ossos no ossuário recém-construído. Esperava-se que a retirada de tantos cadáveres fosse tratada com respeito, mas, considerando que o selecionado para esse trabalho era meio cego, os restos provavelmente não foram retirados com uma precisão arqueológica. Na verdade, o irmão só jogou todos os ossos em pilhas gigantes que chegavam até o teto.

Usando ossos de mais de 40 mil esqueletos, [František Rint] formou coroas de ossos, um brasão gigante e até um lustre feito de pelo menos todos os ossos do corpo humano.

Em 1870, uma família rica finalmente decidiu que algo um pouco mais respeitoso deveria ser feito com os restos mortais. Contrataram um escultor de madeira chamado František Rint para colocar os ossos em algum tipo de ordem. Sua versão de "respeitoso" acabou sendo bem perturbadora: usando ossos de mais de 40 mil esqueletos, [František Rint] formou coroas de ossos, um brasão gigante e até um lustre feito de pelo menos todos os ossos do corpo humano. Embora o resultado seja uma das coisas mais surreais já vistas, com crânios o encarando de todos os ângulos, há um talento artístico genuíno na obra. Rint obviamente prestou atenção ao tamanho e formato não só dos diferentes tipos de ossos, mas da característica individual de cada um. Por exemplo, quando fez um pássaro no brasão, ele usou a mão de alguém que sofreu de um caso grave de artrite, unindo muitos dos ossos. Soa lindo até você lembrar que não é um material de construção de verdade, mas a mão de um pobre morto! Mesmo assim, um historiador referiu-se a Rint como o "Michelangelo da arte com ossos". Sinto muito, caso estejam cogitando, o apelido já tem dono. Rint demorou dez anos para criar sua obra-prima gótica, mas ficou tão orgulhoso do resultado final que a assinou – com ossos, é claro. Ele foi muito bem pago por seu trabalho. Hoje em dia, a pequena igreja é a atração turística mais popular da República Tcheca, atraindo mais de 200 mil visitantes meio estranhos por ano.

Fotos *post-mortem*

Dizer que os vitorianos eram obcecados pela morte é um pouco como dizer que *nerds* gostam de Star Wars. Seus rituais de luto tornaram-se quase tão complexos, caros e socialmente importantes quanto os casamentos – em alguns casos, ainda mais. Felizmente para esses projetos de góticos obcecados com a morte, com a tecnologia da época eles não precisavam andar mais do que alguns minutos sem olhar para um morto.

Para a classe média ter um retrato pintado de um ente querido era proibitivamente caro, mas, quando a fotografia se popularizou, ficou muito mais fácil posar por alguns minutos para uma foto em vez de muitas horas para um quadro. Mas as fotografias ainda não eram baratas e para muitas famílias ainda não pareciam valer a pena pelo custo, pelo menos não até alguém morrer. Aí então eles percebiam de repente que gostariam de ter uma imagem para se lembrar do parente, e que se dane o dinheiro. Hoje em dia nós nos conformaríamos com o fato de que é tarde demais, pois fotografar alguém no caixão é meio assustador. Os vitorianos decidiram que não só era apropriado, como lindo – e, que diabos, quem precisa do caixão?

Com essa mentalidade, fotografar os mortos tornou-se uma das maiores tendências culturais do século. Na verdade, por um período de mais de 60 anos, começando por volta de 1840, foram tiradas bem mais fotos dos mortos do que dos vivos. E enquanto a rainha Vitória pôde imortalizar seu amado Albert em um busto de mármore que ela incluiu na maioria dos retratos de família após sua morte, seus súditos menos abastados eram forçados a posar com os cadáveres. Embora em muitos casos colocassem os mortos em uma pose para parecer como se eles ainda estivessem vivos, com os olhos abertos ou reclinados como se dormissem, dá para identificar quem é o membro da família falecido. Na época, sentar-se para uma foto significava ficar completamente parado por dez ou 15 minutos, parecido com ficar em uma máquina de ressonância magnética hoje. Qualquer movimento deixava a imagem final borrada. Os mortos eram, obviamente, craques em ficar completamente parados, e por isso eram sempre os indivíduos mais nítidos na imagem final, mesmo se uma parte do corpo caísse no meio do caminho. As pessoas carregavam essas fotos consigo, usavam-nas em medalhões e as colocavam em um lugar de destaque em suas casas. Hoje, felizmente, fotografar os mortos limita-se a repórteres de guerra, cientistas forenses e artistas modernos querendo provocar um pouco de controvérsia.

> A morte é apenas o jeito de a natureza
> pedir para você desacelerar.
>
> Dick Sharples, escritor

Presuntos e ciência

Há centenas de anos, os médicos tentam pôr suas mãos em alguns cadáveres classe A para estudo da medicina e hoje você pode doar por escrito seu corpo para a ciência após a morte. Algumas pessoas fazem isso por amor ao avanço científico, outras por causa do custo proibitivo demais do funeral e pelo menos um cara musculoso provavelmente só queria ver se ele poderia impressionar algumas médicas após a morte.

Mas quando os profissionais de saúde começaram a operar em cadáveres pela primeira vez, você não poderia oferecer seu corpo à ciência. Para dizer a verdade, aqueles mortos legalmente nem poderiam ser mexidos. Depois acabaram modificando as leis para que corpos de criminosos sentenciados à morte fossem entregues à ciência, porque, enquanto as pessoas normais obviamente mereciam ir para o túmulo inteiras, ninguém se importava muito com os criminosos. De fato, isso era considerado um castigo a mais; os condenados cooperavam mais com a polícia, mesmo sabendo que eles morreriam de qualquer maneira se não fossem entregues à dissecação.

Quando as notícias de que a parte interna de um ser humano era bem legal de se olhar se espalharam, os leigos começaram a expressar seu desejo de passar um dia observando alguém arrancar os intestinos de um *serial killer*. As dissecações acabaram virando grandes chamarizes, com ingressos vendidos por grandes somas de dinheiro. Até as mulheres também participavam do ato e, por diversão, às vezes o médico convidava mulheres da plateia para tocar no cadáver. Viu só o que as pessoas faziam para se divertir antes da criação da televisão?

Mas a dissecação era apenas uma das coisas divertidas que se podia fazer com criminosos mortos. O cientista italiano Giovanni Aldini fazia experimentos com eletricidade e o corpo humano, o que significa que ele endireitava mortos eletrocutados. Sabendo que isso era divertido demais para guardar para si, ele demonstrou sua técnica em 1803 na frente de uma plateia em Londres. Aldini colocou eletrodos no rosto e nos membros de George Foster, homem que assassinou sua esposa e filho, e os olhos do assassino se abriram e seus músculos mexeram. Mas Aldini ainda não tinha terminado. Como ninguém vai mesmo lhe dizer que você está indo longe demais com o desrespeito à família do corpo do aniquilador, o cientista enfiava uma vara eletrificada na bunda do cadáver. As pessoas começaram a pirar quando isso fez Foster sentar. Aldini ficou tão famoso por esses espetáculos bizarros que muitos historiadores acreditam que ele inspirou o Frankenstein de Mary Shelley.

No fim, até o número de criminosos executados não era o suficiente para médicos e para os amantes da dissecação. Isso levou mais a uma política de "roubo de túmulos" do que de "doação". Se sua família não se importasse em ficar ao lado de seu túmulo por algumas noites até seu corpo começar a se decompor, havia uma chance razoável de alguém aparecer e desenterrá-lo. Não era nada pessoal: esses ladrões eram conhecidos por desenterrar até membros de sua própria família e vendê-los, se o preço fosse bom.

Os mais famosos desses ladrões foram a dupla escocesa William Burke e William Hare. Porém, eles achavam toda aquela escavação bem inconveniente e evitaram isso simplesmente assassinando 17 pessoas e vendendo seus corpos. Quando foram pegos e o governo percebeu exatamente a que distância todos estavam dispostos a ir em nome da ciência, relaxou as restrições ao uso de cadáveres. Por isso hoje você pode ajudar a apressar o futuro da medicina doando seu corpo. Só veja se nada muda: mesmo as faculdades de medicina legítimas entram em encrenca até hoje por fazerem dinheiro vendendo os pedaços de corpos de que não precisam.

A morte é uma situação cabeluda

Em agosto de 2012, anunciou-se que o corpo preservado de Julia Pastrana finalmente ganharia um enterro adequado, apenas 152 anos depois de sua morte. Enquanto a maioria costuma enterrar seus entes queridos logo depois de eles deixarem este mundo, o marido de Julia resolveu não fazer isso, por uma razão muito boa – mas também bem doente: ela valia muito dinheiro, mesmo morta. As famílias das celebridades hoje em dia fazem dinheiro após a morte de seus entes queridos com os catálogos de suas músicas (Elvis, Kurt Cobain) ou leiloando suas joias caras (Elizabeth Taylor). Mas no século XIX os entes queridos de pessoas famosas poderiam fazer dinheiro simplesmente expondo o cadáver do falecido. Muito embora, justiça seja feita, isso provavelmente também funcionaria bem hoje. Eles deveriam ter experimentado com Michael Jackson; eles quase nem precisariam embalsamá-lo.

Julia Pastrana foi uma das curiosidades mais famosas do mundo durante sua breve vida. Nascida no México, sua mãe a vendeu para Theodore Lent, que se tornaria seu empresário e a levaria pelo mundo todo com nomes como a Indefinível e a Mulher Macaca. Hoje nós a chamaríamos de hirsuta: nasceu com uma camada espessa de pelos negros cobrindo seu corpo, que nunca saíam. Uma das mulheres barbadas mais populares de sua época, ela também tinha orelhas surpreendentemente grandes, nariz largo e uma mandíbula pesada que, quando combinados com sua pelagem, deixavam-na com uma aparência de macaco. Apesar disso, era descrita como extremamente elegante, com mãos e pés pequenos e sempre vestida com as roupas da moda, marcando sua cintura com um espartilho pequeno.

Lent com certeza a achou atraente. Ele ensinou-a a dançar e a ler em três diferentes idiomas e acabou se casando com ela. Seu casamento também não foi só um arranjo de negócios, pois Julia logo ficou grávida. Infelizmente, seu filho morreu logo depois de nascer e Julia o acompanhou quatro dias depois, com apenas 26 anos. Seu marido, mesmo deprimido, não quis perder seu negócio mais rendoso. Como seu filho também nascera coberto de pelos, Lent mandou embalsamar seu filho e Julia e começou a viajar com sua falecida família pela Europa, onde continuavam mais populares do que nunca. Milhares de pessoas formavam filas onde eles fossem e pagavam até o equivalente a três dias de salário para ver a família cabeluda. Mesmo depois de descobrir outra mulher barbada e se casar com ela, Lent continuou a expor sua falecida esposa para multidões. Ele enlouqueceu e morreu em 1884.

O corpo de Julia ficou longe do público até 1921, quando foi exposto na Noruega. Na década de 1970, discutiu-se a realização de uma turnê americana, que felizmente nunca aconteceu. O corpo foi roubado e ficou desaparecido por 11 anos antes de ser recuperado em 1990, mas só em 2012 alguém observou que talvez eles devessem finalmente enterrar a pobre mulher e seu filho.

Cheire bem ou morra tentando

A estrada para a santidade nunca foi fácil, mas pelo menos é específica: viva piamente, morra perseguido e deixe um cadáver cheiroso. Essa última parte é essencial, pois, afinal, até depois de viver uma vida cheia de boas ações e devoção ao Todo-Poderoso, possivelmente o passo mais importante para tornar-se santo é garantir que todos deem uma boa cheirada em seu cadáver putrefato e pensem: "Nossa, *isso* cheira bem".

O cheiro bom é mencionado algumas vezes na Bíblia, muito provavelmente como uma metáfora de uma boa pessoa, mas na Idade Média a Igreja Católica começou a considerar a ideia ao pé da letra. Por volta dessa época, os responsáveis por decidir quem se tornava um santo começaram a levar em consideração relatos do cheiro dos falecidos. Em 1758, o papa fez um teste oficial de santidade. Considerando como a vida cotidiana era malcheirosa naquela época pela falta de higiene básica, pelo esgoto inadequado e a proximidade de animais, cheirar bem obviamente já era um milagre em vida, que dirá após a morte.

Mas, mesmo bem antes disso, as pessoas sabiam da importância de pessoas santas cheirarem muito bem após a morte, não importa qual fosse a causa da morte. Em 155 d.C., são Policarpo foi queimado vivo. Em vez de soltar um aroma perturbador de churrasco, seus devotos relataram que ele cheirava a incenso perfumado e, pasmem!, pão assado. Depois, diziam que as santas Thérèse de Lisieux e Teresa de Ávila espalharam odor de rosas em seus respectivos claustros bem no momento de suas mortes.

Elas poderiam ter conseguido isso espirrando um perfume bem forte quando sentiam que sua hora estava próxima, claro, um tipo de Colônia da Santidade, se me permite dizer. Mas na verdade deve haver uma explicação científica para esse fenômeno bizarro. Muitos santos eram meio excêntricos e faziam jejum, e tanto anoréxicos como esquizofrênicos parecem cheirar melhor do que outras pessoas quando morrem. As duas condições levam a um aumento de cetonas (açúcar produzido pelo corpo) por todo o corpo e após a morte as cetonas se rompem, soltando um aroma doce enjoativo. Dito isso, na maioria dos casos os historiadores acham que os seguidores de pessoas santas apenas embalsamam melhor seus corpos do que a média das pessoas, deixando seus cadáveres visivelmente perfumados.

Mas, e se ninguém estivesse por perto para cheirá-lo enquanto você é queimado, enterrado ou morre de fome? Felizmente, nem tudo estava perdido. Às vezes, os futuros santos só ficavam populares muito depois de morrerem e serem enterrados. Nesse caso, eles ainda tinham mais uma chance de provar que morreram com o odor da santidade; só era preciso algumas pessoas aparentemente bem-intencionadas para desenterrar seu corpo ou invadir seu túmulo. Dizem que são Isidoro ainda cheirava bem mais de 450 anos depois de se livrar de seu invólucro mortal. O perfume de são Domingos era tão forte que emanava até de seu túmulo lacrado.

O principal problema em cheirar tão bem era que as pessoas que o desenterravam na época costumavam levar pedaços de seu corpo para casa como relíquias. Mas isso teve um efeito contrário sobre eles; dizem que o cheiro da matéria fecal de um santo era tão atraente que uma mulher a espalhou no rosto, apenas para descobrir tarde demais que ela tinha voltado a seu cheiro mais comum. Isso que eu chamo de um dia de merda!

> Perdi amigos, alguns por morte
> — outros pela completa incapacidade de cruzar a rua.
> Virginia Woolf, escritora (falecida em 1941)

Dica de beleza póstuma nº 1

Toda sociedade tentou lidar com o problema dos corpos putrefatos em algum ponto, porque, desconsiderando todas as diferenças, todos nós podemos concordar que o cheiro de um corpo humano em decomposição não é nada agradável. Algumas religiões insistem que os enterros ocorram quase imediatamente para os riscos à saúde serem o menor dos problemas. Outras culturas tentaram formas diferentes de mascarar o cheiro ou preservar o cadáver por dias ou semanas até ser enterrado. Algumas dessas tentativas, como a mumificação, não dão oportunidade para ver o corpo intacto uma última vez. Quando funerais com o caixão aberto se tornaram norma na sociedade ocidental, passou a ser mais importante encontrar uma forma eficaz de manter o morto bonito e asseado. O mais esquisito é que o homem que finalmente desenvolveu o processo de embalsamamento ainda usado pelos agentes funerários hoje em dia fez isso por razões completamente egoístas.

Thomas Holmes estava na faculdade de Medicina na década de 1840 e já dissecara sua justa cota de cadáveres. Porém, as melhores formas de preservar corpos na época (grandes quantias de arsênico e mercúrio) por acaso também eram prejudiciais aos alunos. Como se cortar mortos não fosse ruim o bastante, os aspirantes a médicos faziam isso sabendo que as toxinas poderiam colocá-los naquela mesa a qualquer momento. Holmes sabia que deveria haver um jeito melhor. Apropriando-se da obra de outros médicos franceses e americanos, ele aperfeiçoou sua técnica logo antes do início da Guerra Civil. O momento foi perfeito.

Durante a guerra era vital que os corpos fossem bem preservados antes de suas longas viagens de trem partindo dos campos de batalha, senão os passageiros vivos começariam a reclamar do fedor saindo dos vagões de bagagem. Também tinha de ser rápido e em grandes números. No fim da guerra, cerca de 40 mil soldados mortos foram embalsamados, 10% deles pelo próprio Holmes, ao então preço exorbitante de 25 a 100 dólares por corpo. O doutor ficou famoso quando embalsamou o coronel Elmer Ellsworth, a primeira vítima famosa da guerra. O corpo do jovem coronel foi exposto na capital e a imprensa comentou sobre o efeito agradável do embalsamamento. Aparentemente era um dia de notícias lentas.

No fim da guerra, cerca de 40 mil soldados mortos foram embalsamados, 10% deles pelo próprio Holmes, ao então preço exorbitante de 25 a 100 dólares por corpo.

O dr. Holmes tornou-se a pessoa recomendada para embalsamamento. Depois da guerra houve boatos de que ele colecionava alguns de seus melhores espécimes e os mantinha em casa. Embora isso fosse meio mórbido, não era diferente de qualquer outro artista orgulhoso de sua obra, mesmo se a dita obra estivesse em um sofá e o encarasse com olhos cegos quando você aparecesse para uma visita.

Como o embalsamamento chegou apenas ao ponto de deixar um corpo crivado de balas bonito, claro, a primeira sociedade oficial de agentes funerários também foi formada durante a guerra. Mas foi o assassinato de Abraham Lincoln que realmente fez do embalsamamento uma necessidade funerária. Quando seu cadáver preservado viajou de Wahsington, D.C., para Illinois, milhares apareceram para vê-lo e ficaram impressionados com a boa aparência do presidente falecido comparada à de seus parentes. Logo as pessoas pediam para disfarçar a devastação da morte com o embalsamamento. Escolas para embalsamadores foram abertas na década de 1880, e na virada do século a maioria dos estados regulava a prática. Porém, embalsamadores irresponsáveis devem ter sido um problema real, considerando que a maioria dos estados só se importou em tornar a conclusão do primário obrigatória quase 20 anos depois.

Primeiro mausoléu

Em 353 a.C. morria Mausolus, um tipo de governador do império persa que controlava uma pequena área na atual Turquia. Sua esposa Artemísia (que por acaso também era sua irmã; as coisas eram diferentes naquele tempo) ficou alucinada. Como ela e seu marido eram loucos por construir templos quando ele estava vivo, ela decidiu que o tributo mais apropriado para ele seria construir algo parecido com um templo para suas cinzas, o que faz sentido, claro, da mesma forma que, se você realmente adora hambúrgueres, seu túmulo deveria logicamente se parecer com um McDonald's. O templo resultante não foi a primeira estrutura acima do solo a abrigar os restos mortais de uma pessoa importante, mas foi tão exagerada e icônica que nos deu a palavra *mausoléu.*

O dinheiro não era problema para Artemísia. Ela era tão apaixonada por seu marido-irmão que, segundo reza a lenda, ela misturou algumas de suas cinzas com vinho e as bebeu – e, se ela estava disposta a engolir uma bebida tão nojenta dessas, percebe-se que ela se importava o bastante para dar a ele o melhor túmulo da história. Artemísia procurou os melhores artesãos e empregou centenas deles, incluindo os quatro mais famosos escultores gregos da época, contratados para fazer dúzias de estátuas. Infelizmente, para Artemísia, ela faleceu apenas dois anos depois do início do projeto, muito antes de terminá-lo. Como os planos já estavam prontos e o túmulo estava preparado para ser um impulso do recomeço real, os operários continuaram construindo.

No fim, o mausoléu media 44 metros de altura, revestido por uma estátua de bronze de uma carruagem conduzida por quatro cavalos. Era cercado por 36 colunas com uma estátua entre cada par. As paredes eram cobertas por grandes frisos de batalhas míticas. Partes enormes eram feitas de mármore sólido. Em suma, era exatamente o tipo de túmulo que você esperaria para um homem tão importante de quem você nunca ouvira falar até dois minutos atrás. Mas o produto final ficou tão impressionante que se tornou uma das Sete Maravilhas do Mundo Antigo.

Assim como muitas dessas maravilhas, ele não existe hoje. Em algum momento antes de 1404 d.C., vários terremotos reduziram a maior parte do túmulo a entulho. Então os cavaleiros da Europa Ocidental, em seu caminho para a Terra Santa, usaram esse entulho para fortificar seus castelos. O mármore que eles não usassem como blocos de construção era derretido para coletar cal. Ladrões entraram no túmulo lacrado e levaram todos os tesouros que havia lá. E, como as pessoas não tinham sociedades para conservação histórica naquele tempo, na década de 1850 os blocos de mármore antigos convenientemente pré-cortados foram enviados de navio pelo Mediterrâneo como materiais de construção, dando um toque de classe a docas e fortalezas até a distante cidade de Malta.

Se você não conseguir ir à Turquia para ver as ruínas, há muitos outros lugares para se inspirar com esse túmulo histórico. A maioria das estátuas remanescentes do local foi levada pelos ingleses, claro, e agora reside no Museu Britânico. Até os países que não conseguiram roubar os artefatos verdadeiros não tiveram escrúpulos em roubar os projetos. Pelo menos nove edifícios modernos foram inspirados na arquitetura do mausoléu, incluindo a prefeitura de Los Angeles, o túmulo de Grant, o templo maçônico em Washington, D.C. e o Relicário da Lembrança, na Austrália. Conclui-se aqui que os arquitetos aparentemente acreditavam que, se não está quebrado, não arrume.

Morrer é fácil. Comédia é difícil.
Edmund Gwenn, ator (falecido em 1959)

Automumificação

O processo de preparar um corpo, seja por embalsamamento, mumificação ou uma variedade de outras formas, é demorado e muitas vezes caro. Porém, um grupo pequeno de monges budistas no norte do Japão evitava esse trabalho póstumo preparando-se para uma morte bela antes de morrerem.

Chamado *Sokushinbutsu*, ou automumificação, o procedimento era tão difícil que, embora se acredite que centenas de monges tentaram, menos de duas dúzias conseguiram. O processo levava anos e era tão desagradável que é incrível que alguém tenha conseguido completar. Primeiro o monge tinha de se livrar de toda a sua gordura corporal comendo apenas alimentos com pouca ou nenhuma gordura, como castanhas e sementes, pois a gordura não passa tão bem após a morte. Embora essa dieta terrível deixasse qualquer um letárgico, o monge a combinava com uma rotina extrema de exercícios, só para garantir a queima de qualquer gordura a mais. Depois de quase três anos desse regime, nos mil dias seguintes ele conseguiu deixar sua dieta ainda pior, passando de castanhas para cascas e raízes. Ele matava sua sede com chá feito de uma seiva venenosa. Para se ter uma ideia do que ele fazia com suas entranhas, a seiva costumava ser usada para laquear cerâmica. Não era agradável, mas essa não era a questão, na verdade os vômitos eram vistos como uma coisa boa. A seiva também tinha o bônus de deixar o corpo tão poluído com veneno que até as larvas saberiam se afastar, preservando assim o corpo na morte. Fica a dica: se até as larvas acham isso uma péssima ideia, é que é mesmo uma péssima ideia...

Fica a dica: se até as larvas acham isso uma péssima ideia, é que é mesmo uma péssima ideia.

Depois de cinco anos e meio dessa tortura autoinfligida, o monge estava pronto para morrer. Ele sentava em um pequeno túmulo de pedra e esperava morrer de fome. A única coisa com ele era uma corda com um sino na outra ponta. Todos os dias (embora seja um mistério como ele media o tempo com precisão) ele tocava o sino avisando seus irmãos menos dedicados, mas muitos mais ajuizados, que ele ainda estava vivo. Quando o sino parava de tocar, o buraquinho era fechado. Mil dias depois, os monges abriam o túmulo. Quase o tempo todo havia apenas um corpo em decomposição, mas o monge ainda era venerado por pelo menos tentar. Se o monge morto conseguia se mumificar direito, acreditava-se que ele alcançara a iluminação. Para inspirar aqueles ao redor, os corpos preservados eram expostos nos templos, porque nada diz: "Os anos de tortura valem muito a pena" como um corpo mumificado se desintegrando aos poucos.

Ainda é possível ver lá 16 dessas múmias budistas. E, embora a prática tenha sido declarada ilegal no Japão desde o século XIX e oficialmente não é sancionada pela religião budista, rolam boatos de que isso ainda acontece hoje. Alguns nunca aprendem.

Suttee é uma droga

Um costume funerário que quase com certeza não era cogitado pelas mulheres era o antigo costume do *suttee*, ou *sati*, prática famosa da Índia. Nele, a viúva de um morto deitava-se por vontade própria em sua pira funerária e era queimada viva. Ninguém sabe ao certo quando essa imolação fúnebre começou, mas alguns estimam que tenha cerca de 5.500 anos. O primeiro caso documentado ocorreu em 908 a.C., muito antes de as mulheres lutarem pelo direito de dizer: "Tá brincando comigo?".

Há várias teorias sobre por que esse ato perturbador se popularizou, para começo de conversa. Uma teoria é de que, ao se matar, a esposa expurgaria os pecados do marido, garantindo a ele um bom momento na vida após a morte. Os gregos antigos teorizavam que havia um motivo muito mais mundano para a prática: em uma época em que velhos que se casavam com garotas bem jovens era rotina, o conhecimento de que sua vida dependia de seu marido enrugado ficar vivo deixava as esposas mais propensas a cuidarem dos homens e menos a envenená-los para poderem se casar com alguém mais jovem. O *suttee* também servia para descartar qualquer mulher excedente em uma tribo, assegurando-se de que elas não buscariam um marido fora de seu povo. Dá para ver por que olhar ao redor poderia ser uma perspectiva atraente, principalmente se aquelas outras tribos não as obrigariam a cometer suicídio quando seus maridos morressem.

Embora aparentemente voluntária, a pressão de se deitar na pira funerária do marido era intensa. Há registros de exemplos de viúvas compreensivelmente mudando de ideia no último minuto e fugindo, só para serem levadas de volta sob a mira de uma faca. Outras eram drogadas ou até amarradas, pondo em cheque toda a parte "voluntária". Ainda que as vidas das mulheres na Índia medieval, principalmente das castas inferiores, não fossem boas, as mulheres que cometiam *suttee* garantiam que elas fossem reverenciadas como deusas. Os poderes da deusa aparentemente vinham mesmo antes da morte, pois se afirmava que a viúva não sentia dor enquanto era queimada viva. Muito embora, sem dúvida, nenhum homem experimentou primeiro só para ter certeza de que a teoria estava certa.

O *suttee* foi regularizado no século XIII, mas não se sabe quantos funerais aconteceram depois da regulamentação. Primeiro, a viúva devia assegurar ao governo que tinha absoluta certeza da vontade de ser queimada viva, só para garantir que ninguém a forçava. (Ah, o cara de pé atrás dela com a espada? Não ligue para ele. É um amigo da família, não se preocupe.) No século XVI, ela deveria pedir permissão para a polícia, que lhe oferecia presentes para ela mudar de ideia e tentar adiar o evento ao máximo, caso não aceitasse. Quando os britânicos assumiram, eles tinham uma visão relativamente relaxada do *suttee*, considerando-o um costume local e provavelmente não mais doloroso do que um *curry* apimentado. Mas quando Londres descobriu o que acontecia em sua colônia, o Raj sofreu pressão para terminar com a prática. Apesar de ter sido banida pelo governo britânico em 1829, a prática continuou. Em 1987, o governo indiano baniu o *suttee* de novo, embora às vezes eles não consigam impedir essas viúvas de pularem no fogo, como demonstram os raros exemplos que continuam a ocorrer até hoje.

Arthur esperava e rezava para que não houvesse uma vida após a morte. Então ele percebeu que havia uma contradição aí e apenas esperava que não houvesse uma vida após a morte.
Douglas Adams, escritor (falecido em 2001)

Circulando por aí depois da morte

Por volta de 700 a.C., o povo Bo, no sul da China, decidiu que o melhor a se fazer com seus mortos era elevá-los aos céus, literalmente. Esse povo vivia nas montanhas e aparentemente dava uma importância religiosa aos pontos mais altos, que poderiam representar calma e serenidade em meio a uma vida calamitosa cheia de guerras e desastres naturais. Afinal, é difícil travar uma batalha bem no topo de uma montanha. Então, quando você morria, se seus familiares o amassem de verdade, eles o colocariam o mais alto possível nos desfiladeiros das montanhas. Eles conseguiam isso balançando os corpos a centenas de metros no ar, até as montanhas fervilharem de mortos. E assim nasceu um dos serviços funerários mais trabalhosos de todos os tempos.

O primeiro passo no processo era sua família fazer um caixão para você, embora alguns especialistas acreditassem que era importante você fazer seu próprio caixão antes de morrer, porque, embora sua família o amasse o bastante para transportar seu cadáver em uma montanha, as dores nos braços e as bolhas resultantes de construir seu caixão iam longe demais. Afinal, ele era esculpido com um único pedaço de madeira e isso demorava muito. Quando o caixão estava pronto, o corpo era colocado dentro, com as ferramentas necessárias para a vida após a morte. Assim como os egípcios, deixar os mortos levarem coisas com eles na jornada parecia ser importante, como atesta um caixão examinado em 1974, que continha 29 camisas e 13 calças. Não se sabe se esse povo achava que na vida após a morte não haveria lavanderia. Enfim, chegara a hora de levar o caixão completo e colocá-lo o mais alto possível no despenhadeiro. Algumas famílias obviamente amavam seus parentes mais do que outras, pois as alturas variam de 9 a 137 metros de distância do solo em despenhadeiros verticais.

> **O maior mistério que cerca esse ritual funerário especial é como exatamente os parentes do falecido colocavam os caixões nos despenhadeiros, para começo de conversa.**

O maior mistério que cerca esse ritual funerário especial é como exatamente os parentes do falecido colocavam os caixões nos despenhadeiros, para começo de conversa. A madeira sólida, combinada com o corpo, poderia pesar mais de 249 quilos. Considerando como os despenhadeiros eram altos e íngremes, se as pessoas que colocavam os caixões não tomassem cuidado, mortes e funerais se tornariam um círculo vicioso.

Há três teorias. Uma é que rampas de terra podem ter sido usadas, mas isso seria difícil com uma população tão pequena. A segunda envolve a construção de um andaime primitivo, mas não há nenhuma evidência física disso. A teoria mais aceita é que cordas foram usadas para baixar o caixão no despenhadeiro, mas isso não explica as diferenças drásticas de altura entre os locais de descanso – a menos que as cordas escorregassem muito e as queimaduras resultantes desanimassem a família para içar o caixão de novo.

Hoje em dia, os despenhadeiros com os caixões pendurados são destinos turísticos populares para a caminhada. Mas, se você um dia se vir andando pelo sul da China, tente se lembrar o que centenas de anos de vento e umidade fazem à madeira exposta: os caixões podres e pesados podem cair de centenas de metros nas trilhas de caminhadas abaixo. Isso se tornou um problema tão grave que o governo chinês realizou um trabalho de manutenção para estabilizar os locais por três vezes desde 1974.

Agora, se você se vir frente a frente com um desses caixões antigos, tente ser educado. As áreas onde eles são encontrados não são fiscalizadas e o roubo de túmulos por turistas é um problema. Parece existir um tipo de pessoa que está mais interessado em levar para casa como lembrança um dedo antigo do que um lindo panda de pelúcia.

Canibalismo fúnebre

Quando um parente morre, sua primeira resposta provavelmente não é: "Caramba, ele não parece delicioso?". Pelo menos esperamos que não. Mas embora o canibalismo seja repugnante para nossas sensibilidades modernas, tribos em todo o mundo já se dedicaram a essa prática. Ainda que comer partes de inimigos conquistados fosse mais comum, o canibalismo funerário, a prática de comer amigos e parentes também parece ter sido normal. A evidência mais antiga de que temos de preparar um parente morto para comer vem da Idade do Ferro, mas em tempos recentes o canibalismo foi rotina entre algumas populações isoladas até as décadas de 1950 e 1960. Graças à nova moda de fumar sais de banho, claro, está acontecendo um retorno disso hoje também.

Os Wari são um povo indígena brasileiro que come os demais membros da tribo. Mas há regras rigorosas sobre quem come quem e é importante entender direito. Quando uma pessoa morre, seus parentes das aldeias vizinhas são informados e eles então viajam para a aldeia do falecido para o funeral. Como isso costuma durar alguns dias (todos sabem que não dá para confiar no correio e no transporte público, não importa qual seja a versão deles em sua comunidade) e a Amazônia não tem o clima ideal para preservar a carne, quando os amigos e a família se reúnem para comer o falecido, o cadáver costuma estar inchado e putrefato. Mas isso é bom. Como é considerado inadequado parecer que você está gostando de comer seu parente morto, ou comer rápido demais, quanto menos palatável estiver sua carne assada melhor. Felizmente apenas os parentes mais distantes devem participar do banquete; a família imediata é dispensada, pois comer sua mãe é um pouco estranho demais até para canibais. Crianças e idosos ganham os pedaços mais gostosos, incluindo o fígado e o cérebro. A ideia por trás de comer um ente querido é que parte da pessoa continuará no mundo, mesmo se esse mundo envolver principalmente o intestino delgado e depois uma privada.

Há regras rigorosas sobre quem come quem e é importante entender direito.

Os Fore da Austrália também praticaram o canibalismo mortuário até o governo pôr um fim nisso há uns 60 anos, e era trabalho das mulheres preparar o corpo do falecido. Você podia comer pedaços diferentes do corpo, dependendo de sua relação com o cadáver; os homens, por exemplo, recebiam a carne vermelha das pernas, enquanto as mulheres tinham de se virar com a coisa que provavelmente ficaria melhor se transformada em linguiça. Infelizmente, por volta de 1900, um membro da tribo parece ter desenvolvido uma doença até então desconhecida chamada Kuru, parecida com a doença da vaca louca. Quando ele morreu e foi consumido, a doença contaminou os outros. No fim, Kuru tornou-se uma epidemia entre o povo Fore. Eles ainda comem seus mortos, claro, mas o acréscimo da sensação de perigo provavelmente foi um tempero interessante.

Os Yanomamis da Venezuela também comiam seus mortos, mas de forma menos literal. Em vez de comer a carne, eles trituravam os ossos, misturavam o pó com uma pasta de banana e comiam como vitamina. Em alguns casos, as cinzas de um corpo cremado também podem ser consumidas.

Rolam boatos de que pelo menos uma seita moderna ainda hoje pratica o canibalismo. Os homens santos Aghori, da Índia, foram filmados pescando corpos no Ganges e consumindo pequenas partes deles. O rio é considerado sagrado e, ao comer corpos que estiveram nele, os homens esperam ganhar poderes especiais, incluindo levitação e

controle sobre o clima. Se eles estiverem certos, a resposta ao aqueci-
mento global pode estar com algumas centenas de canibais indianos,
o que é quase certamente algo que ainda ninguém abordou em uma
conferência climática.

Combate mortal

Os povos antigos não gostavam da ideia de um ente querido passando sozinho para a vida após a morte e eles resolveram que seria
muito mais fácil se você levasse um amigo junto. Então, quando uma
pessoa importante morria, a comunidade mandava alguém com ele, fosse uma esposa, um escravo ou apenas um prisioneiro qualquer. Mas, em
algum ponto, um desses povos, provavelmente os etruscos ou os gregos
antigos, decidiu que cortar a garganta de um escravo não contribuía
para uma despedida mais interessante. Acrescentar um elemento competitivo ajudaria mesmo a devolver a "diversão" ao funeral – e assim
nasceu o gladiador. Esses gladiadores chamavam-se Busturaii por causa
do *bustum*, a tumba ou monte funerário do falecido.

Acrescentar um elemento competitivo ajudaria mesmo a
devolver a "diversão" ao funeral – e assim nasceu o gladiador.

Na época, gregos e etruscos apenas pegavam dois escravos, da-
vam-lhes espadas e pediam que eles lutassem até a morte. Não havia
nenhuma armadura corporal e o treinamento era mínimo, dando aos
eventos um toque muito mais de Três Patetas do que alguém poderia esperar de um entretenimento funerário. Mas tudo bem com isso, porque
o objetivo principal ainda não era a diversão, era para alguém morrer; o
sangue derramado era uma oferenda para deixar os deuses e o falecido
felizes. Mas quando os romanos se apropriaram da ideia, ela ficou um
pouco mais complexa.

A primeira luta entre gladiadores romanos de que se tem registro
aconteceu em 264 a.C. no funeral de Brutus, um parente distante do
mais famoso assassino de Júlio César. Esse funeral não foi nada parti-
cular. Seus filhos escolheram seis prisioneiros para lutar no mercado de
gado de Roma enquanto o público assistia. E menos de 50 anos depois,
um dia de combate mortal não foi o bastante para uma família homenagear um homem particularmente importante; as lutas de gladiadores
no funeral do cônsul Marco Emílio duraram três dias e incluíram 22
homens. Parece que se preferiria ser acompanhado na vida após a morte

por quase duas dúzias de homens bem zangados que morreram por sua causa a ir sozinho...

O espetáculo continuou a crescer e, em 175 a.C., centenas de gladiadores foram envolvidos em festividades de uma semana, que incluíam banquetes enormes. Alguns funerais de primeira tinham música para acompanhar o ritmo das lutas, fazendo delas literais danças da morte. Essas festividades passaram a ser tão aguardadas na hora da despedida que a família ou amigos de homens e mulheres deixavam dinheiro em seu testamento especialmente para pagar os gladiadores. Até os menos abastados tinham lutas menores durante suas despedidas, para imitar os imperadores (era como não querer ficar para trás, mas com mais togas e menos carrões). A ideia era superar todas as outras lutas fúnebres anteriores para que a sua e, por consequência, você, fossem lembrados para sempre. Mas o tiro saiu pela culatra e os cronistas e historiadores ficaram tão entediados com as festividades repetitivas que pararam de mencionar as maiores em suas histórias. Só uma coisinha para pensar, para alguém que achou que essa seria uma ótima maneira de ganhar seus 15 minutos de fama.

Então, em 105 a.C., aconteceu a primeira luta de gladiadores sem funeral. Essas lutas tornaram-se espetáculos públicos mais ligados à política do que aos funerais quase da noite para o dia. Como o derramamento de sangue para lavar a alma dos mortos não era mais necessário, as lutas tornaram-se uma questão de treinamento e habilidade, em vez de apenas serem até a morte. Felizmente para os espectadores do Coliseu, sedentos por sangue, os cristãos e os leões apareceram na hora certa para substituir os gladiadores no quesito lutas até a morte sem vencedores.

Não posso tocar nisso

Desde que a humanidade começou a enterrar gente em túmulos bem definidos, as pessoas passaram a se preocupar com uma possível retirada de seus corpos de lá. A história demonstrou que a ideia de um local de descanso "final" não passava de uma bela mentira que as pessoas contavam para si mesmas em um momento difícil. Na realidade, ladrões de túmulos, saqueadores de corpos e o espaço limitado significavam que, depois de um intervalo decente (e que todos aqueles que se importassem morressem), a luta pelo espaço onde uma pessoa foi enterrada se tornaria grande. Mas alguns futuros cadáveres não deixariam seu descanso eterno nas mãos do destino, e assim nasceram as maldições.

Parece que ameaçar qualquer um que perturbasse seu túmulo com uma morte terrível os deixaria menos propensos a retirá-lo.

Os egípcios são os mais famosos por essas maldições nas tumbas. Dizem que a maldição de Tutankamon matou dúzias de pessoas que escavaram sua tumba, bem como amigos, familiares e até os animais domésticos dessas pessoas. Nada estava a salvo da horrível maldição do rei Tut. O único problema com a maldição é que ela na verdade não existe. Embora haja muitos hieróglifos encantadores em volta da tumba de Tutankamon, não havia em nenhum deles qualquer alusão à morte perseguindo quem perturbasse a tumba.

Os egípcios são os mais famosos por essas maldições nas tumbas. Dizem que a maldição de Tutankamon matou dúzias de pessoas que escavaram sua tumba, bem como amigos, familiares e até os animais domésticos dessas pessoas.

Mas outros faraós egípcios deixaram maldições. Embora você possa pensar em ladrões de túmulos como os principais violadores de tumbas, o faraó Ankhtifi sabia qual era a verdadeira ameaça – seus sucessores. Sua tumba incluía uma maldição sobre qualquer futuro regente que tentasse tomar seu lugar de descanso para colocar seu sarcófago, prometendo que os deuses ficariam furiosos. Outro faraó, Khentika Ikhekhi, avisou que qualquer um que só entrasse em sua tumba estava ferrado, e o rei prometia "agarrar seu pescoço como um pássaro".

Ainda que alguns túmulos gregos e romanos também incluíssem maldições, o hábito parou no fim da Antiguidade. A maldição de túmulo moderna mais famosa é de William Shakespeare. Um poema de autoria do próprio Bardo adorna seu túmulo, alertando:

> *Meu caro amigo, pelo amor de Deus, desiste*
> *De remexer na terra encerrada aqui;*
> *Abençoado será o homem que poupar estas pedras*
> *E maldito será aquele que mover meus ossos.*

Embora o dramaturgo quase certamente tenha escrito isso só para assegurar que, quando o terreno em volta da Igreja estivesse cheio, seu corpo ficasse no lugar, a ameaça funcionou. Mesmo quando o túmulo precisou de uma reforma, em 2008, pediram enfaticamente para os encarregados não perturbarem os restos mortais do Bardo.

Pareço morto com essa máscara?

Por toda a história, os rostos dos mortos fascinaram as sociedades. E como não dá para sentar e encarar um cadáver o dia todo, alguns deles deram um jeito de manter esses rostos parecidos com os vivos de uma forma (um pouco) menos assustadora. As máscaras mortuárias começaram como representações esculpidas na Antiguidade, mas, no século XVIII, pessoas importantes mandavam despejar gesso direto em seus rostos recém-falecidos. O governo francês contratou até Madame Tussaud para fazer moldes detalhados de cabeças guilhotinadas.

As máscaras mortuárias tinham alguns motivos altruístas por trás delas. Antes da fotografia, alguns cadáveres não reclamados tinham máscaras para que pudessem ser reconhecidos se alguém viesse procurar por um parente desaparecido muito depois de o corpo estar enterrado, pois os esqueletos costumam se parecer muito. Um desses mortos desconhecidos apareceu nas águas da margem do Rio Sena, em Paris, na década de 1880. A jovem era tão linda, até na morte, que sua máscara recebeu atenção especial e demorou mais horas do que o normal. Ela ficou conhecida como *L'Inconnue de la Seine*, e seu semblante ficou tão popular que os parisienses ricos mandaram fazer cópias e as exibiam em suas casas. Até quase um século depois, seu rosto ainda era uma visão comum; o primeiro manequim de primeiros socorros de todos os tempos, "Ressuci Ànne", desenvolvido pela primeira vez na década de 1960, foi moldado com o rosto dessa garota morta. Se o treinamento de primeiros socorros não for duro o suficiente, lembre-se de que você está basicamente beijando uma garota francesa morta de 16 aninhos.

Até quase um século depois, seu rosto ainda era uma visão comum; o primeiro manequim de primeiros socorros de todos os tempos, "Ressuci Ànne", desenvolvido pela primeira vez na década de 1960, foi modelado com o rosto dessa garota morta.

Mas as pessoas faziam máscaras mortuárias na maioria das vezes por gostarem de coisas assustadoras. Embora elas tenham começado quase exclusivamente para reis e outros famosos, no século XIX, os pacientes mais prováveis de um tratamento facial póstumo foram os criminosos. Alguns cientistas e autoridades judiciais afirmaram que isso acontecia para as cabeças de homens e mulheres maus poderem ser estudadas após a morte por especialistas na pseudociência popular frenologia, mas na verdade era para as máscaras serem expostas e o público surpreso e perturbado pagar para vê-las. Desse modo, a máscara mortuária do saqueador de corpos William Burke foi feita logo depois de seu enforcamento em 1829, e mais de cem anos depois uma multidão de habitantes de Chicago ainda aparecia para ver as máscaras mortuárias dos mafiosos John Dillinger e Baby Face Nelson. Quando Bartolomeu Vanzetti e Nicola Sacco, anarquistas condenados por homicídio em um julgamento muito controverso durante a década de 1920, foram executados, suas máscaras mortuárias não foram deixadas a cargo de qualquer um que estivesse familiarizado com o gesso; William Gropper, um artista famoso e controverso, foi contratado para arrumar seus rostos para um público fascinado.

Embora nós não nos recordemos mais dos rostos dos mortos com máscaras, isso não significa que os indivíduos modernos as achem menos fascinantes. A máscara de John Dillinger, mencionada anteriormente, foi vendida em um leilão, em 1991, por 10 mil dólares.

Os monstros de Frankenstein originais

Uma das formas mais antigas de ritual funerário envolvia mumificar os corpos dos mortos. Da mesma forma que o embalsamamento nos permite acreditar que de alguma forma a morte na verdade não muda nada, a mumificação facilitou para os povos antigos ficarem na mesma sala com cadáveres de uma semana por mais de alguns minutos.

Os egípcios são obviamente a civilização mumificadora mais famosa. Embora nós costumemos pensar nos faraós quando pensamos em múmias, eles não foram os únicos membros da sociedade egípcia a passar pelo processo. Qualquer um que pudesse se dar ao luxo esperava o procedimento após a morte. Quando os franceses e os ingleses invadiram o Egito, no século XIX, eles encontraram tantas múmias que algumas foram enviadas para a Europa, onde os aristocratas davam "festas para desenrolar múmias" – porque nada ajuda mais a acalmar o estômago depois de um jantar extravagante do que um corpo ressecado.

Embora pareça que os egípcios tenham aperfeiçoado bem depressa o procedimento clássico de mumificação com bandagens, os mumificadores originais demoraram cerca de 2 mil anos para descobri-lo. Quatro milênios antes da primeira múmia egípcia, os Chinchorros, na América do Sul, foram os pioneiros da técnica. E, embora suas tentativas funcionassem tão bem que nós ainda temos exemplos de suas múmias hoje, seu processo era ainda mais nojento do que arrancar o cérebro pelo nariz do falecido, como faziam os egípcios.

O problema era que mumificar um corpo por inteiro é bem difícil. Então, entre aproximadamente 5000 e 3000 a.C., os cadáveres eram desmembrados e cada pedaço preservado individualmente antes de ser reunido. Esse processo Frankenstein chamava-se Técnica da Múmia Negra e começava quando toda a pele era retirada do corpo. Depois, a pele era levada para tingimento, sendo dividida em pedaços múltiplos no processo. A cabeça, os braços e as pernas eram separados do torso e cada parte tinha os músculos removidos do osso. Depois de cada parte do corpo secar, elas eram reunidas, com enchimento feito de plantas para deixar o corpo, agora enrugado, com mais cara de vivo (lembrem-se disso, cirurgiões plásticos). A pele era reaplicada e os pontos que ela não cobria eram substituídos por pele de foca. Uma peruca preta curta arrematava o visual (um desenvolvimento posterior da mumificação foi a adição de um chapéu, o que realmente estragava todo o visual).

Não importava sua posição na sociedade ou quanto dinheiro você tivesse quando morria. Os Chinchorros mumificavam cada membro de sua tribo que falecia. Mulheres, crianças, idosos e até fetos – não importava, você era desmembrado pedaço por pedaço quando batia as botas. Os historiadores não sabiam por que eles faziam todo esse esforço, mas pode ter sido para transportar os corpos com mais facilidade ou como parte de um culto aos ancestrais. Um modo complicadíssimo de passar o tempo – como um astro do cinema na maquiagem talvez seja a melhor analogia? De qualquer forma, parece um modo complicadíssimo de passar o tempo.

Morte ao Redor do Mundo

Q uando as pessoas falam sobre nossa sociedade multicultural e a importância de ser culturalmente diverso, a primeira coisa que vem à mente provavelmente não é aprender a respeitar como outras culturas lidam com defuntos (muito possivelmente porque, se seu pensamento recorrente sobre qualquer coisa envolve cadáveres, você vai acabar internado). Mas todas as sociedades ao redor do mundo descobriram formas diferentes de lidar com seus mortos, levando em consideração seus desafios históricos, religiosos e ambientais específicos. Basicamente, se envolve um morto, é melhor deixar as pessoas cuidarem de sua vida, mesmo se (ou especialmente se) isso envolver *strippers*, urubus ou a música do Queen nos procedimentos. O que é mais importante mesmo é encontrar um denominador comum, e se há algo com que a maioria das sociedades do mundo concorda no que diz respeito aos funerais é: é preciso ter bastante bebida rolando para relaxar.

Superstições de sete palmos abaixo da terra

Há literalmente milhares de superstições cercando a morte e os enterros. Como cada cultura tem a sua e muitas contradizem uma à outra, o que é frustrante, é melhor esperar que seu povo esteja praticando as certas. Embora os humanos sejam naturalmente supersticiosos, a morte nos tira do sério com formas de nos tranquilizar de que a Ceifadora não venha para todos nós também.

Fique de olho na recompensa

Para começo de conversa, para manter-se vivo, nunca olhe nos olhos do cadáver. É por isso – além do fato do olhar de um morto ser realmente assustador – que a maioria das culturas tenta fechar os olhos do falecido na hora e, se necessário, seguram suas pálpebras com moedas ou outros objetos. Mesmo se você conseguir colocar o cadáver debaixo da terra sem olhar em seus olhos, o falecido sempre estará querendo voltar e levar alguém consigo para o além. Portanto, vá para casa saindo de um funeral por uma rota diferente da que você pegou para chegar lá, ou ele o seguirá.

Leste e oeste

A direção é tudo, em se tratando de cadáver. Ele deve sempre ser carregado primeiro pelos pés. Isso provavelmente porque as pessoas em sono profundo reclamavam depois de acordarem com a cabeça batendo contra uma porta. No caso do sepultamento, enterre o corpo com a cabeça na direção oeste e os pés para o leste. Se você vive em um país cristão, a maioria de seus cemitérios é projetada dessa forma, para garantir que, quando Jesus voltar e todos os mortos se elevarem, eles estejam olhando para a direção certa. Mas você pode sempre enterrar seus entes queridos com uma bússola, claro. Se achar que o falecido foi uma boa pessoa, tente mandar enterrá-lo na parte sul do cemitério. Historicamente era onde as melhores pessoas eram colocadas para descansar, enquanto todos os outros ficavam empacados na parte norte, sentados eternamente no equivalente a um sofá, enquanto os melhores cadáveres lá no sul servem de comida a gramas mais verdes e larvas mais gordas.

Esclareça

É importante não confundir a alma de um morto também. Abra todas as portas e janelas para dar-lhe livre acesso ao exterior, pois aparentemente as almas não podem simplesmente sair flutuando pelo teto. Elas também são bem burras ou muito vaidosas, e como espelhos também podem confundi-las, deixe-os todos virados para a parede.

Use roupas usadas

Roupas obviamente são importantes para os mortos. Enquanto você pode se enfeitar todo para um casamento, é vital nunca usar nada novo em um funeral, principalmente sapatos. Também não vai querer dar a um morto suas roupas usadas. Primeiro porque seria humilhante se ele parecesse melhor do que você em suas roupas, mas também porque não se sentiria bem com suas roupas apodrecendo debaixo da terra, e então morreria pelo relacionamento quântico entre você e suas roupas, agora cheias de cadáver.

Com todas as precauções necessárias, além das preparações fúnebres, seu ente querido acaba sendo bem mais difícil na morte do que na vida. Ainda assim, vale a pena se ele não o levar consigo.

Quero morrer como meu pai, dormindo tranquilo, não gritando e aterrorizados como seus passageiros.

Bob Monkhouse, comediante (falecido em 2003)

Sou *sexy* demais para esse caixão

Algumas pessoas descobrem ter tempo ou disposição para planejar seus funerais nos mínimos detalhes. Para um doente terminal, essa pode ser uma forma de negar uma sensação de impotência sobre a morte. Ou, para maníacos por controle com tempo disponível demais, pode ser um modo para garantir que eles administrem tudo até o fim – e além. E, como uma parte significativa da raça humana tem um senso de humor doentio, uma das principais decisões das pessoas é que elas querem músicas completamente inadequadas em seus funerais.

A música de funeral começou como cânticos, normalmente como um modo de repelir ou acalmar os espíritos. Mas isso acabou evoluindo para músicas. Diversas regiões do mundo têm diferentes tipos de música tradicional tocados em funerais, mas, com o tempo, os sucessos populares substituíram as gaitas de fole e o *jazz* Dixieland. Em 2008, um cemitério da Austrália lançou uma lista das músicas de funeral "esquisitas" mais pedidas:

- "The Show Must Go On" (Queen);
- "Stairway to Heaven" (Led Zeppelin);
- "Highway to Hell" (AC/DC);
- "Another One Bites the Dust" (Queen);
- "I'll Sleep When I'm Dead" (Bon Jovi);
- "Always Look on the Bright Side of Life" (Monty Python);
- "Ding-Dong! The Witch Is Dead" (The Wizard of Oz);
- "Hit the Road Jack" (Willie Nelson);
- "I'm Too Sexy" (Right Said Fred);
- Músicas dos times da Australian Football League.

Mas talvez os vivos também tenham uma parcela de culpa por essas músicas. Porque, embora seja legal honrar os últimos desejos do morto, no fim das contas, o que ele vai fazer, assombrá-lo? Na verdade, se eles fizessem isso, talvez fosse melhor fazer o que eles querem, mesmo sendo completamente inapropriado. Mas legalmente há pouquíssimos lugares no mundo onde o parente mais próximo tenha de fazer tudo que o falecido pede. Isso não só se limitava a coisas pequenas, como a música louca do funeral, como incluía como e onde eles queriam que seus restos mortais descansassem. Então, sério, se você se vir frente à possibilidade de "It's Raining Men", das Weather Girls, no funeral de seu lascivo avô, fique tranquilo, pois a lei está do seu lado se você decidir pular essa parte.

Um último passeio

Mortos são pesados. Não porque realmente pesem agora mais do que quando vivos, mas por serem notoriamente egoístas quanto a dividir o fardo. Então as pessoas descobriram bem rápido que levá-los aos cemitérios por outros meios do que apenas carregando-os provavelmente era uma boa ideia. Aí entra o rabecão.

Por centenas de anos, o rabecão consistia de uma carroça puxada por cavalos, e a única diferença entre a carroça levando o rico ou o pobre ao túmulo era como elas eram extravagantes. Os primeiros carros funerários a se livrarem dos cavalos usavam na verdade motores elétricos, mas os franceses começaram a usar automóveis em 1907, um avanço tão chocante que recebeu cobertura da revista *Scientific American*. Então, em 1909, H. D. Ludlow, um gerente funerário americano na vanguarda da tecnologia, mandou seu mecânico criar uma combinação estranha de um ônibus com uma carroça mortuária equipada com um motor de combustão interno. Ele o usou no funeral de um homem rico local chamado Wilfrid A. Pruyn, e logo todos os seus clientes mais ricos exigiam dar seu último passeio nesse carro caro. Nos anos de 1920, as carroças se foram e, uma década depois, padronizou-se o estilo de rabecão com o qual estamos acostumados hoje.

Os carros são especiais em meio à parafernália fúnebre, pois podem ser mantidos ou revendidos. Enquanto caixões vão para debaixo da terra e as flores acabam secando, o carro pode durar décadas. O *Cadillac* que levou o caixão do presidente Kennedy do hospital para Love Field, em Dallas, Texas, foi leiloado em 2012. Por causa de sua participação em um momento tão histórico, a maioria das pessoas, incluindo o leiloeiro, achou que o carro renderia mais de 1 milhão de dólares. Talvez o fator funesto fosse demais para os entusiastas, porque o preço final ficou em apenas 166 mil dólares.

Um rabecão que vendeu bem foi o de Elvis. A empresa Houston Brothers comprou o carro de seus proprietários originais no início da década de 1980. A empresa era especializada em alugar carros funerários e, segundo a opinião geral, a ligação com Elvis tornava esse carro o seu mais precioso. Então, em 1984, o proprietário mandou seu filho dirigi-lo da Georgia para Miami. No caminho, o carro ficou sem gasolina e o jovem, então com apenas 21 anos, caminhou seis quilômetros para comprar mais. Lembra como Elvis morreu na privada por comer demais? Bem, esse carro estava prestes a ter um destino parecido. Enquanto reabastecia, algo deu errado e, quando o filho do proprietário pegou a estrada de novo, o motor pegou fogo. Ele não teve escolha a não ser sentar e observar enquanto aquela grande relíquia do Elvis queimava.

Um carro que nunca teve um passageiro famoso é aquele na frente da Mansão Assombrada, na Disneylândia. É uma variedade de carroça puxada por cavalos e apareceu pela primeira vez em 1995. Logo depois, rolou um boato de que esse teria sido o carro que levou o corpo do líder mórmon Brigham Young durante seu funeral. Como todo mito, esse é bem fácil de desmascarar, pois não houve nenhum tipo de carro fúnebre no funeral de Young. Parabéns, Disneylândia, distorcendo a realidade como sempre.

Moda fúnebre

Mais do que qualquer outro evento social, os funerais sempre tiveram um código de vestimenta rigoroso que as pessoas deveriam seguir. Porém, o que essa vestimenta significa mudou com os anos e depende muito de onde você vive.

Originalmente, o branco era a cor mais comum para o luto e ainda é a cor padrão em muitos países asiáticos. Em alguns casos, apenas as classes superiores ou aqueles mais próximos do falecido usavam branco da cabeça aos pés para expressar seu sofrimento e, no Renascimento, a maioria dos países europeus estabeleceu o preto como a cor adequada para funerais.

Embora as pessoas usassem as cores do luto por muito tempo depois do funeral de uma esposa ou filho – em alguns casos pelo resto da vida –, foram os vitorianos que criaram um código específico para exatamente quando as pessoas poderiam começar a se vestir normalmente de novo. Havia três estágios do luto por um ente querido:

- Luto fechado
- Segundo luto
- Meio-luto

Se seu marido morreu, levaria de três a quatro anos para terminar todos os estágios, mas se fosse um tio, você poderia pular o preâmbulo e começar do último. Os empregados se livravam do luto usando braçadeiras pretas quando um de seus patrões morresse. Assim como em tudo mais, como sempre, os homens tinham mais liberdade na escolha das cores para usar e quando usá-las durante sua perda.

Com as viúvas era mais difícil. Não só elas perdiam seus maridos e, na maioria dos casos, a fonte de sua renda, mas tinham de esconder completamente seus atrativos por anos. Os vestidos exigidos durante o luto fechado eram feitos com tecidos pretos pesados, as joias eram proibidas e esperava-se uma diminuição do decote. A parte mais importante do traje para uma viúva em luto fechado era um grosso véu preto cobrindo seu rosto. Afinal, até um ano depois do fato, ela provavelmente ainda chorava pelo marido todos os dias, e ninguém precisava ver isso. Obviamente. Mas, claro, como ela não deve deixar a casa de qualquer maneira para nada, além da Igreja ou das tarefas mais vitais, ninguém a via, para começo de conversa. O objetivo aqui era deixar a viúva completamente assexuada. Mesmo sendo um bom partido, os amigos de seu marido tinham de esperar até ela poder usar roupas coloridas de novo, para dar em cima dela.

O segundo luto durava até um ano e permitia o acréscimo de – pasmem! – rendas cor lavanda e joias pretas simples. Por fim, o meio luto permitia detalhes coloridos e joias básicas. Mas algumas mulheres nunca deixavam o luto, como a mais famosa delas, a rainha Vitória, que ficou em "trajes de viúva" por 40 anos depois da morte de seu marido. O estilo foi contagioso, pois sua filha mais velha fez o mesmo depois de perder o marido. Enquanto isso, você não poderia pedir por mais viúvas cobertas de preto.

Exposição corporal

As tribos aborígenes da Austrália nunca foram um grupo realmente homogêneo; algumas enterravam seus mortos, outras os colocavam em árvores ocas como um tipo de caixão de pé. Em certas áreas, um estranho ou um bebê teriam seus corpos colocados em cupinzeiros para serem descartados rapidamente (ei, é melhor do que usar um dingo!). E, em algumas das ilhas australianas, as pessoas sepultavam seus mortos no mar. Mas talvez a mais estranha – e uma das mais esmagadoramente populares – formas de descartar corpos na região setentrional do país era a exposição corporal.

No primeiro estágio da exposição corporal, os corpos são deixados expostos aos elementos em grandes plataformas de madeira. Para impedir de ser um pouco óbvio demais o processo de decomposição, o cadáver é coberto com folhas. Os corpos são deixados lá por meses, até a carne soltar dos ossos. Quando o corpo se reduzir a um esqueleto, os familiares levam os ossos de volta para casa. Lembrancinhas!

Como simples ossos brancos são meio chatos de olhar, os parentes decoram e pintam os diferentes pedaços, geralmente com um vermelho profundo. Os desenhos ficam tão bonitos que os ossos agora são usados para decorar a casa. Os ossos menores podem se transformar em joias ou apenas serem carregados em um saco por anos. Na verdade, colonos que se tornaram amigos dos nativos, quando chegaram à Austrália, se recordam de viúvas aparecendo para almoçar com grandes sacos cheios dos restos mortais de seus maridos amarrados no pescoço. As mães, muitas vezes, faziam isso também com os ossos de seus filhos, na esperança de eles renascerem. Uma tribo específica em Queensland amarrava crânios em troncos de árvores durante as celebrações para os mortos "verem" as danças.

Alguns aborígenes encaravam uma forma mais simples de exposição corporal, quando morriam, como um tipo de castigo. Quando os homens morriam em batalha, eram deixados onde morriam, com as armas ainda presas neles, para que os outros soubessem como eles morreram e não se metessem com a tribo local. Criminosos executados também eram deixados aos elementos sem o benefício espiritual de nenhum ritual fúnebre. Porém, esses tipos mais simples de exposição corporal nem sempre eram um castigo. Para algumas tribos, o jeito normal de descartar os corpos era pendurá-los em troncos altos nas árvores e deixá-los para os pássaros. Não que haja algo errado em deixar um corpo lá em cima sacudindo ao vento...

Estou pronto para encontrar meu Criador, mas se Ele está preparado para a grande provação de me encontrar é outra história.
Winston Churchill, primeiro-ministro (falecido em 1965)

Torre do silêncio

Enquanto pouquíssimas culturas achavam que cadáveres fossem realmente grandes coisas, os zoroastras, uma antiga seita religiosa iraniana ainda existente, tinham uma melhor impressão deles do que os outros. Segundo sua religião, um cadáver estava prestes a ficar tão perto do mal quanto o possível e a morte era uma perda no grande campo de batalha espiritual. Por haver uma possibilidade bem real de o cadáver aumentar o sofrimento do mundo, ele precisava ser descartado rapidamente, com eficiência e completamente, e com o menor contato possível com todo o resto (parece que os zoroastras também tinham opiniões bem fortes sobre zumbis). Se até o fogo poderia ser poluído pelo "demônio defunto", a cremação estava descartada. Com opções limitadas, os zoroastras decidiram que a exposição corporal era a melhor forma de proteger o mundo dos mortos.

Por haver uma possibilidade bem real de o cadáver aumentar o sofrimento do mundo, precisava ser descartado rapidamente, com eficiência e completamente, e com o menor contato possível com todo o resto.

Ao contrário de outras culturas e religiões que praticam a exposição corporal como uma forma de descartar seus mortos, os zoroastras levaram suas práticas um passo além, construindo estruturas gigantes para facilitar a decomposição, que começaram no século XVI. Essas *dakhmas* (ou Torres do Silêncio, o que daria um nome de banda incrível) são grandes estruturas redondas, em geral no topo de montanhas, onde os mortos eram deixados para os pássaros. Como as aves de rapina precisam comer de alguma forma, o defunto está fazendo o pouco de bem que pode pelo mundo.

As torres têm em geral alguns andares de altura e sua largura parece ter dependido do tamanho da população local, quando elas foram construídas. Mais pessoas significavam mais corpos e isso implicava na necessidade de mais espaço no pavimento no topo da torre. Os cadáveres eram colocados no "teto" com muros ao longo das extremidades, felizmente bloqueando a visão dos corpos putrefatos para os transeuntes. Embora o Zoroastrismo acredite na igualdade dos gêneros, quando mortos, homens e mulheres são separados. No cume das torres ficam áreas diferentes para corpos distintos, irradiando em volta de um buraco no centro. As crianças são colocadas no anel interno, seguidas dos corpos de mulheres e depois de homens.

Os observadores atônitos relatam que, às vezes, os pássaros demoravam uma hora para soltar completamente toda a carne dos ossos. Nesse ponto, alguém voltava à torre, usando as pequenas trilhas deixadas entre os mortos e cobria o esqueleto de cal. Alguns meses depois de serem deixados alvejando ao sol, os ossos eram jogados pelo buraco, onde eles acabariam de desintegrar.

Os zoroastras ainda usam suas torres do silêncio, principalmente na Índia. Porém, algumas áreas têm somente uma dúzia de urubus em volta para comer os corpos, devido a uma doença misteriosa que os matou, o que significa que os rituais funerários cercando as torres são menos eficazes e higiênicos do que antes. Arranha-céus e casas cercam algumas das torres e, embora os corpos que antes eram despidos até os ossos em horas estivessem agora em um estado identificável meses depois de serem colocados nas torres, o cheiro ficou insuportável. O editor de um grande jornal, Bombay Samachat, disse que não iria querer nem seu cachorro descartado dessa forma, que dirá um membro da família. Quando o problema apareceu na primeira vez na década de 1990, os zoroastras ficaram divididos sobre o que deveria ser feito. Alguns diziam que era hora de abandonar as torres, outros queriam deixar as coisas como estavam (não importava o quanto elas fossem fedorentas e anti-higiênicas), mas uma minoria buscou a tecnologia para salvar sua tradição fúnebre.

Em 2003, painéis solares foram instalados em algumas torres e houve um rebuliço quase imediato. Embora a única coisa acrescentada ao ritual mortuário fosse mais sol concentrado, foi uma mudança suficiente para deixar os zoroastras mais ortodoxos bravos. Mas a maioria dos membros da fé aceitou a tecnologia solar como o único modo aceitável de acelerar o processo de decomposição. Entretanto, um membro da fé chamava as novas adições da torre de "torradeiras glorificadas". Mas os painéis funcionaram, aumentando a temperatura nas torres em até cerca de 250 graus, o bastante para desidratar logo os corpos, mas sem queimá-los.

Mesmo aqueles zoroastras dispostos a experimentar novas formas de descarte dos corpos esperam não ter de depender dessa tecnologia para sempre. Desde 2001, algumas áreas com poucas populações de urubus começaram seus aviários, tentando criar animais em cativeiro o bastante para depois substituir aqueles perdidos para a doença misteriosa. Considerando que eles comem seres humanos mortos há uns mil anos, realmente é preciso se perguntar o que os matou.

Morte é para os pássaros

O Tibete tem seus problemas, e como descartar os mortos sempre foi um deles. A terra é quase sempre dura, rochosa ou congelada demais para cavar covas de qualquer tipo ou em um período de tempo realista.

Falta também combustível para fogueiras nas montanhas infecundas, e aquelas que têm são mais usadas para manter as pessoas vivas do que para cremar os mortos. Então a região pensou em algo completamente diferente...

Esses funerais mais comuns – se você fosse rico ou importante, as pessoas se esforçavam para enterrá-lo – são chamados com otimismo de enterros no céu e, embora remonte possivelmente a milhares de anos, o primeiro registro da prática é do século XIII. O budismo é a maior religião do Tibete, e como eles acreditam que o corpo é apenas um receptáculo para uma alma até esta morrer e renascer, não há nada sagrado em um cadáver. Deixar um corpo para os pássaros é a opção mais simples.

O que não quer dizer que não há ritos fúnebres associados aos enterros no céu. E feitos oficialmente, eles nem são tão baratos. Os tibetanos têm locais especiais para a exposição dos corpos em todo o país, e viajar para lá pode ser difícil. Uma vez escolhido o local, o cadáver nu é colocado em uma grande rocha plana e monges cantarão mantras ao redor dele enquanto o incenso queima. Depois, um monge especialmente treinado desmembrará o corpo de uma forma especial (pense num açougue). Considerando a natureza pessoal de cortar um defunto, as únicas pessoas que frequentam os enterros no céu são em geral a família próxima e até eles geralmente ficam bem longe para não verem exatamente o que está acontecendo.

Quando o corpo está preparado, os urubus aparecem. Muitas dessas aves conhecem essas áreas e aguardam pelo próximo funeral, mas às vezes as aves famintas precisam ser espantadas enquanto acontece a cerimônia. Porém, quando ela termina, todos querem que as aves aproveitem. Ter um bando de urubus desinteressados no defunto que acabaram de preparar para eles é considerado um péssimo presságio. Também é importante que eles tirem cada pedaço de carne dos ossos antes de se sentirem satisfeitos ou a família do falecido terá má sorte.

Se você for pobre demais para pagar um enterro no céu "oficial", pode deixar o corpo fora perto de qualquer lugar em uma rocha para os pássaros. Os chineses ficaram apavorados com essa prática quando invadiram o Tibete pela primeira vez, na década de 1950, e declararam os enterros no céu ilegais, mas é claro que as pessoas ainda participavam deles. Desde os anos de 1980, o governo permitiu a retomada dessas cerimônias, provavelmente porque eles se depararam com os mesmos problemas que os tibetanos resolveram com os urubus séculos antes.

Todos nós pagamos pela vida com a morte, então tudo que há no meio deve ser de graça.

Bill Hicks, comediante (falecido em 1994)

Você está pisando na vovó

Hoje em dia, quando um parente morre, seu primeiro instinto provavelmente não é reformar a casa, mas, para os antigos maias, melhorias na casa e o luto eram intimamente ligados. Como os materiais de construção maias em 500 d.C. não conseguiam suportar tão bem os elementos, as casas precisavam ser completamente reconstruídas a cada 20 ou 30 anos. Poderia haver um vazamento no teto ou mofo nas paredes e não valia a pena manter nada na casa naquele ponto. Mas a família esperava até alguém morrer para começar a separar as coisas, porque o enterro era uma parte importante da casa nova.

Quando um parente finalmente batesse as botas, o chão da casa era retirado e o indivíduo era enterrado embaixo dele, às vezes junto com qualquer objeto importante da família. Então, a casa era incendiada com tudo deixado lá dentro – algo para o que a sociedade torce o nariz hoje, mesmo se você ainda não encontrou a cor de tinta perfeita para as paredes da sala depois de ir a umas dez lojas de materiais de construção. Quando a antiga casa ficava reduzida a uma pilha de cinzas, a família construía uma nova sobre o local do sepultamento. Se outro membro da família morresse algumas semanas depois, paciência: ele perdia a chance e era enterrado em outro lugar.

Em certo momento, as fundações das casas poderiam abrigar meia dúzia de corpos e vários artefatos. Agora, os arqueólogos que escavam os sítios podem ver toda a história de uma família nesses minicemitérios debaixo da terra. Infelizmente, todos os artefatos desenterrados estão quebrados, indicando que não só uma pessoa tinha de morrer para se juntar ao museu da história da família embaixo da terra, mas até os objetos inanimados tinham de "morrer".

Enquanto os maias foram embora há muito tempo, a tribo Ifugao, nas Filipinas (na maior parte cristã atualmente), ainda hoje pratica o enterro debaixo da casa. Depois da morte de alguém e da celebração dos ritos fúnebres, a pessoa é enterrada em um local distante da casa da família por dois anos. Como a tribo acredita que o espírito de uma pessoa vive onde seus ossos estão, talvez eles achem que todos mereçam algum tempo longe de seus parentes depois de morrer (ou vice-versa).

Depois desse ano sabático longe da família, os ossos são exumados e enterrados de novo embaixo da casa, devolvendo em essência o falecido a seu povo. Embora eles possam ser enterrados em qualquer lugar debaixo da casa, a cozinha é uma área bem popular. Nada supera cozinhar com os espíritos!

Funeral interminável

Muitas culturas na história celebraram funerais com uma atmosfera de festa, mas raramente o falecido foi colocado tão na frente e no centro como nos funerais Buguias, nas Filipinas. Quando as pessoas morrem, não ficam fechadas em uma caixa, mas, por uma semana ou mais, são convidadas de honra em um churrasco enorme. Felizmente, ao contrário da prática de algumas outras tribos, o falecido não é a principal refeição.

Quando um membro da tribo morre, é colocado na hora em uma cadeira no lado de fora da casa. Como os defuntos não são muito bons em se sentarem eretos, o corpo é amarrado pela cabeça, braços e pés. Então, começa uma cerimônia que pode durar de alguns dias a meses. Sem qualquer tipo de embalsamamento, o tempo começa a arruinar o corpo em decomposição. Em uma tentativa em vão de mantê-lo com uma boa aparência, alguém fica encarregado de se sentar perto do corpo e espantar moscas, algo que, como podemos supor, é inútil depois de um tempo. Só podemos esperar que esse infeliz espantador de moscas ganhe as primeiras porções do churrasco como compensação.

Amigos e parentes começam a aparecer com animais de presente, sempre em pares de machos e fêmeas. No primeiro dia, apenas animais o suficiente para alimentar os familiares são abatidos e preparados. Mas, no terceiro dia, arma-se um verdadeiro matadouro, onde os animais de todos os convidados são mortos, além dos muitos animais que pertenciam ao falecido. Quanto mais rica é a pessoa, mais carne é consumida – por que não, isso é o que eles iam querer, certo? A quantidade de carne disponível indica o *status* do falecido na sociedade; para os ricaços, isso significa matar e preparar animais por meses, abatendo às vezes até metade de seus rebanhos. Como mais comida implica mais pessoas necessárias para comê-la, esses funerais quase se transformavam em festivais. Acrescente muito álcool à mistura e você acabará com várias pessoas ficando até a noite por dias a fio, comendo, bebendo e às vezes cantando para entreter o finado.

Acrescente muito álcool à mistura e você acabará com várias
pessoas ficando até a noite por dias a fio, comendo, bebendo e
às vezes cantando para entreter o finado.

Depois que bastante carne foi consumida, o falecido é enterrado.
Mas só por ele ser enterrado em um lugar não significa que ficará lá
para sempre. Os mortos se entediam, e se quiserem ver outro pedacinho
de terra em outro lugar, o espírito da pessoa aparece em sonho para
um parente e pede um novo local de enterro. E, claro, um novo enterro
pede toda uma festa nova, completa, com quase tanta carne e celebração
quanto a primeira. Dá quase para suspeitar que os Buguias literalmente
acham qualquer desculpa para festejar.

Festa pré-morte

Você pode se perguntar às vezes o que as pessoas dirão sobre você em
seu funeral. Alguns não medem esforços para descobrir, mas outros
tomam o caminho mais fácil e têm uma espécie de funeral antes de
seu (último) grande dia. O funeral em vida mais famoso foi de Morrie
Schwartz, o protagonista da vida real de *A Última Grande Lição*, um
livro curto o bastante para milhares de pessoas o lerem e depois chorarem com a beleza de celebrar a vida de uma pessoa antes de ela morrer.
Os funerais em vida têm várias vantagens sobre aqueles "após a morte",
claro, porque você pode beijar e abraçar o convidado de honra sem ninguém chamar a polícia. Esses eventos ficaram populares principalmente
em Taiwan, o que é uma enorme mudança ocorrida em apenas duas
gerações, quando até mesmo dizer uma palavra que soasse um pouco
como a palavra morte era considerado má sorte. Agora, as pessoas saem
aos montes para frequentar os funerais em vida dos doentes terminais.
Um homem de 25 anos convidou até os médicos e estudantes de medicina, que receberiam seu corpo depois de sua morte, para seu funeral
em vida – o que deve ter provocado algumas conversas embaraçosas.

Um problema com esses funerais é a questão delicada do tempo.
O ideal seria dar um tempo quando o convidado de honra ainda estivesse bem o suficiente para curti-lo, mas com alguns é difícil saber se as
estimativas do médico sobre o tempo de vida de alguém são precisas.
Um cardeal de 85 anos deu um em 2007, e dois anos depois ainda estava
firme e forte. Mas provavelmente ninguém estava reclamando, considerando a alternativa.

Você provavelmente poderia se livrar de ir a um funeral real se dinheiro, tempo ou a distância dificultassem, mas seria bem difícil recusar um convite para um funeral em vida. Principalmente porque muitas pessoas que celebram esses eventos em vida se abstêm de planos para um mais tradicional. Considerando o esforço extra e a carga emocional necessária para preparar um funeral em vida, ele é visto com desagrado, a menos que você seja mesmo um doente terminal com certo tempo de vida restante. Então, se você não for um paciente terminal e pensou que dar seu próprio funeral só para ouvir coisas boas faladas sobre você seria um bom plano, está sem sorte. As pessoas podem aparecer, mas todos saberiam que você é totalmente deselegante. A questão é ter um desfecho, não outra desculpa anual para uma festa – a menos que isso seja o que você quer.

> Sempre vá aos funerais dos outros,
> senão eles não virão ao seu.
> Yogi Berra, jogador de *baseball*

Eu sou o rei, e que se dane!

Em março de 2012, o rei George Tupou V, monarca absolutista de Tonga, pequeno país do Pacífico Sul, morreu aos 63 anos. Em uma cerimônia fúnebre extravagante, 1.500 homens, todos vestidos com camisetas pretas e as tradicionais saias de grama, carregaram o corpo do rei falecido. Uma banda marcial seguia na frente do corpo, e milhares de pessoas, incluindo 5 mil crianças, amontoavam-se nas ruas para dar uma olhada no cortejo. Por que não? O país estava prestes a entrar em cem dias de luto... de novo. O rei ficou no trono só por quatro dias e, embora enterrar um rei duas vezes em menos de meia década possa ter sido inconveniente para muitas pessoas, para os 40 coveiros oficiais da família real significava outros três meses do trabalho mais confortável do país.

Veja bem, os reis tonganeses não podem ser tocados – embora deva haver alguma exceção à regra, ou de onde as princesinhas tonganesas viriam? –, e isso serve não só para quando o rei morre; seu cadáver merece tanto respeito quanto seu corpo recebia quando ele estava vivo. Entram os coveiros reais. Chamados de *Nima Tapu*, esses homens estavam autorizados a preparar o corpo – com uma advertência enorme. Como suas mãos tocaram no corpo real, para assegurar que se mantenha respeito por cada célula da pele real que possa ter saído, ele não podia usar as mãos para nada – nadinha – pelos próximos cem dias.

Embora parecesse bom ter pessoas para preparar sua comida e ajudá-lo a se vestir por três meses, a realidade de não poder usar suas mãos perfeitamente boas o deixaria provavelmente meio maluco, principalmente em se tratando de atividades mais pessoais, como ir ao banheiro.

Segundo a tradição, depois de um coveiro realizar seu dever, ele tinha as mãos cortadas, se tivesse sorte. Se não, ele seria estrangulado.

Mesmo assim, não importa o quanto ser servido por meses possa ser hoje em dia, isso está a um passo enorme do fim histórico de um coveiro real. Os *Nima Tapu* eram sempre estrangeiros, em geral maoris ou samoanos. Mesmo que, por serem estrangeiros, o fato de eles tocarem o corpo do rei morto se tornasse uma ofensa menor, também os tornava mais descartáveis. Segundo a tradição, depois de um coveiro realizar seu dever, ele tinha as mãos cortadas, se tivesse sorte. Se não, seria estrangulado. A mutilação da mão não se limitava às pessoas que tocavam o corpo; os entes queridos do falecido, mesmo sendo da realeza, muitas vezes cortavam partes ou todos os seus dedos como uma demonstração de tristeza. Faz sentido os *Nima Tapu* da atualidade ficarem felizes por apenas precisarem fingir não ter as mãos por alguns meses, em vez de realmente não tê-las pelo resto da vida. Com certeza é cômodo ter esses *Nima Tapu* à mão.

Busca por esqueletos

Os seres humanos têm uma necessidade quase patológica de prantear seus mortos corretamente. E, na maioria das culturas ocidentais, fazer isso "de um jeito direito" inclui enterrar o corpo no local de escolha do falecido. Infelizmente, as pessoas morrem o tempo todo em situações que dificultam a recuperação dos corpos, salvo se forem suicidas. Mas isso não impediu ninguém de tentar encontrá-los.

Em 1962, um avião da Marinha caiu na Groelândia, matando todos a bordo. Na ocasião, mesmo tratando a queda como uma tragédia, ninguém recomendava arriscar mais vidas para resgatar os corpos. Mas, em 1995, a história, incluindo o fato de que os corpos ficaram lá por 30 anos, foi retomada pela mídia e houve uma comoção nacional. A Marinha fez uma estimativa de 2 a 4 milhões de dólares para resgatar os corpos, mas em 2004 eles finalmente conseguiram, mesmo que apenas para tentar manter as aparências.

Um pouco mais difícil foi o resgate de três tripulantes que caíram na Antártida em 1946. O resgate da Groelândia chamou a atenção para a situação dos tripulantes da Antártida com a diferença de que, nesse ponto, eles estavam enterrados sob 45 metros de neve e gelo. Embora a Antártida e a Groelândia sejam muito frias, a Groelândia é como férias no Havaí comparada às condições naquele fim de mundo. Depois de avaliar todos os problemas e o custo envolvido (estimado em 32 milhões de dólares), a Marinha decidiu que não valeria a pena resgatar os corpos, uma decisão que enfureceu muitos veteranos.

Quem dera se as Forças Armadas tivessem dinheiro assim para gastar, claro, e há muito mais corpos por aí, incluindo uma estimativa de 80 mil corpos não resgatados, ainda perdidos, só da Segunda Guerra Mundial. A boa notícia é que o Joint POW-MIA Accounting Command [Comando Conjunto de Registro de Prisioneiros de Guerra e Desaparecidos em Ação] (JPAC), com base no Havaí, está lá procurando por aqueles desaparecidos em ação. Conhecido como a "missão mais nobre no Exército", o JPAC não vai descansar até encontrar os restos mortais de cada militar. A declaração dessa missão significa que eles rumam para alguns dos locais mais inóspitos do mundo, não só o gelo da Groelândia, como também as florestas mais densas do Vietnã e até no fundo do oceano. Eles continuam achando o que procuram e, quando encontram todo o corpo, ou parte dele, passam a pesquisar a quem ele pertence usando registros militares e, se possível, testes de DNA.

Não são só as Forças Armadas que não medem esforços para resgatar corpos para um enterro adequado. Anos após a queda de um *Airbus* da Air France na costa do Brasil, mergulhadores ainda trabalham para resgatar os corpos. Enquanto algumas famílias acham que o oceano é o melhor local de descanso final para seus entes queridos, outras dizem que só conseguirão seguir em frente quando seus amigos e parentes "voltarem para casa".

Mergulho no além

Todos acham que sabem como é um funeral *viking*: um bando de homens nórdicos barbados usando capacetes com chifres envia um barco carregado com seu chefe para a água. Quando ele estiver longe o bastante da costa, alguém atira uma flecha flamejante e o barco e o corpo se incineram em um fim belo e adequado para alguém que passou a vida no mar... O problema é que, segundo historiadores, isso nunca aconteceu. Nunca.

Os *vikings foram* enterrados em "barcos", isto é, formações rochosas com o formato de um barco na terra. A Europa setentrional está coberta de montes mortuários *vikings*, muitos dos quais contêm esses túmulos de barco. O enterro "tradicional" no mar não acontecia porque a madeira nunca queimaria com um calor suficiente para destruir completamente um corpo. Na verdade, teria mais chances de um cadáver meio chamuscado e inchado aparecer nas águas da margem da vila mais próxima alguns dias depois.

Porém, outras culturas enterram *sim* seus mortos no mar e de formas muito mais eficazes. Enquanto muitas religiões têm regras específicas contra o enterro no mar, a maioria também tem exceções para pessoas que morrem no mar. Antigamente, quando as viagens no mar duravam meses e os corpos teriam de ser armazenados a bordo ou lançados ao mar, a maioria das culturas adotou a opção menos fedorenta (mas nem todas. O almirante Nelson, o famoso herói naval britânico morto durante a Batalha de Trafalgar, em 1805, foi armazenado em um barril de vinho a bordo de seu navio, depois de ser morto, e rola um boato de que os homens bebiam do barril como um ato bem nojento de respeito por seu comandante).

A maioria das Marinhas permite o enterro no mar para membros atuais ou veteranos. O astronauta Neil Armstrong, ele mesmo um veterano da Marinha, foi "enterrado" no Oceano Atlântico depois de sua morte, em 2012. Porém, se o indivíduo que quiser ser enterrado no mar morrer em terra, ou pelo menos em um navio com algum modo de levar o corpo de volta ao continente, os corpos são enviados de volta para cremação ou se adquire um caixão. Caixões são importantes, pois eles resolvem todo o problema do "cadáver flutuador". Durante a guerra, se os caixões não puderem ser comprados facilmente, os corpos serão embalados em um pano pesado com pesos amarrados neles.

Embora o enterro no mar possa ser uma das formas mais dignas de descanso eterno, as pessoas sem um histórico na navegação ainda o acham um pouco preocupante. Em 1979, aconteceu uma greve geral no Reino Unido. Quando as pessoas perguntaram o que aconteceria aos recém-falecidos, já que o sindicato dos coveiros participava da greve, o secretário da saúde de Liverpool disse que, se a situação ficasse anti-higiênica, simplesmente enterrariam os corpos no mar. Segundo alguns eruditos, o alvoroço público por seus comentários ajudou a provocar o fim da greve. Irônico, visto que os torcedores do Liverpool cantam uma música sobre cruzar um rio.

Ninguém em seu leito de morte disse: "Queria ter passado mais tempo no escritório".

Paul E. Tsongas, senador dos Estados Unidos (falecido em 1997)

O mínimo que você pode fazer

Às vezes você precisa de algumas pessoas a mais em um funeral para parecerem tristes e chorarem pelo falecido. Talvez ele não tivesse tantos amigos. Talvez você não consiga ir e queira mandar alguém em seu lugar. Talvez centenas de pessoas tenham aparecido só para ter certeza de que o bastardo estava morto e alguns carpideiros bem escandalosos ajudariam a encobrir o riso frouxo e os gritos de alegria. Seja qual for o motivo, o carpideiro profissional é uma tradição antiga que agora se torna uma opção legítima para atores desempregados em algumas partes do mundo.

Em certo ponto na história, o luto profissional, no qual as pessoas sem ligação com o falecido eram pagas para aparecer no funeral e chorar copiosamente, ficou tão popular que é até mencionado na Bíblia ("E olhai, Jesus trouxe Lázaro de volta dos mortos e, ao acordar, ele disse: 'Espere, está todo mundo mesmo aqui? Vocês não poderiam pelo menos pagar algumas pessoas para fingir que sentem minha falta?'"). Na China, ele remonta a aproximadamente 156 a.C. Carpideiros recebiam grandes quantias para chorar e gritar alto, puxar os cabelos e até rastejar no chão, assim como garotinhas em um show do Justin Bieber hoje em dia. A ideia era tanto fazer o falecido parecer mais saudoso como determinar um tom que permitisse aos outros chorar e se lamentar sem parecerem estranhos.

Um artigo de 1877 do *New York Times* destacou a popularidade desses "carpideiros profissionais orientais". O jornalista questionava por que uma oferta de negócios tão óbvia ainda não chegara à América, a terra onde você pode pagar qualquer um para fazer literalmente qualquer coisa e chamar isso de liberdade. Mas, por ser a Era Industrial, ele achava que os Estados Unidos tinham de desenvolver a ideia criando um carpideiro mecânico movido a vapor, claro: "Um carpideiro de quatro cavalos de força sem dúvida produziria gritos mais emocionantes no decorrer de meia hora do que [um homem normal] poderia soltar em um dia". Ele obviamente nunca ouviu Bjork.

Enquanto isso, na Inglaterra, os vitorianos não demonstrariam nem mortos tanta emoção em um funeral (mantenha a calma e carregue o caixão), mas eles têm seus próprios carpideiros profissionais. Ilustrando com perfeição como alguém deve se comportar na ocasião, esses homens eram chamados "Mudos". Costumavam ser homens das classes inferiores, que recebiam um belo terno e algum dinheiro para aparecer no funeral, não dizer nada e aparentar muita, mas muita, tristeza. Considerando que costumavam ser homens pobres ou operários pagos com um salário de fome para aparecer no funeral de algum cara rico que custou mais do que eles poderiam ganhar em uma vida, isso provavelmente era bem fácil de fazer. A prática começou no século XVIII, mas, no meio do século seguinte, nenhuma pessoa decente morreria sem um mudo ou dois. Então, Charles Dickens ridicularizou a prática em *Oliver Twist*, e o que Dickens odiava todos odiavam. As revistas satíricas da época também começaram a mostrar que esses homens aparentemente taciturnos e respeitáveis pegavam seu dinheiro e ficavam bêbados logo depois da cerimônia. Na virada do século, os mudos foram expulsos aos risos de um trabalho na Inglaterra, alegres provavelmente pela aplicação adequada da ironia.

Esses profissionais também tiveram uma breve popularidade na Itália após a Segunda Guerra Mundial, mas atualmente a prática continua principalmente na Costa do Marfim e na China. No país africano, famílias inteiras podem ganhar a vida chorando em funerais, que são bem frequentes. Os pretensos carpideiros circulam na frente de funerárias, leem os obituários nos jornais e entram em contato com famílias ricas perguntando se precisam de algumas pessoas a mais para chorar ao lado do caixão. Os melhores ficam famosos em sua área e as famílias desoladas entram em contato direto com eles, pedindo seus serviços. Segundo um profissional, é importante ser um bom ator: se você não conseguir chorar a pedidos, terá de apostar nos puxões de cabelo e lamentos, pois "mesmo recebendo pelo trabalho, precisa ter paixão por ele".

> ## Existe pelo menos uma companhia que oferece de 30 a 45 minutos de choro ao lado de um túmulo por apenas 500 dólares. Graças a seus serviços, você pode agradar seus ancestrais e ainda fazer aquela reunião de negócios.

A Revolução Cultural acabou com a prática na China, mas recentemente pagar pessoas para chorar por você voltou à moda de um jeito grandioso. O Festival Qingming é um dia em que os chineses homenageiam seus ancestrais e visitam seus jazigos, mas, com as vidas das pessoas ficando cada vez mais corrida, alguns estão ocupados demais para visitarem o local pessoalmente. Existe pelo menos uma companhia que oferece de 30 a 45 minutos de choro ao lado de um túmulo por apenas 500 dólares. Graças a seus serviços, você pode agradar aos seus ancestrais e ainda fazer aquela reunião de negócios.

Funerais com *strippers*

Funerais costumam ser eventos bem deprimentes, mas algumas culturas inventaram formas de torná-los um pouco mais animados, como o famoso acréscimo de álcool ao velório pelos irlandeses. Mas ninguém é tão criativo quanto os taiwaneses. Isso porque, em muitos funerais na ilha, *strippers* divertem os vivos e os mortos.

Embora a prática de ficar pelado em funerais tenha sido proibida por um envergonhado governo taiwanês na década de 1980, isso não impediu sua popularidade nas áreas mais rurais. As *strippers* viajantes chegam na traseira de caminhões enfeitados, conhecidos como Electric Flower Cars, e começam a fazer o que sabem. Mesmo se a família pedir que nenhuma das dançarinas fique completamente nua, a maioria canta e faz *pole dance* enquanto tira a roupa até ficar de biquíni. Também há relatos de danças no colo, embora apenas para os vivos, espero. Quanto maior o barulho e a animação das *strippers*, melhor, pois os funerais taiwaneses não devem ser ocasiões tristes e silenciosas.

Os *stripteases* nos funerais podem ter nascido quando a máfia do país entrou no negócio mortuário. Como os mafiosos já controlavam muitas boates, combinar os dois daria mais dinheiro ao crime organizado. Eles convenceram as pessoas a aceitarem a ideia bizarra, salientando que o espetáculo atrairia mais pessoas ao evento e, como o número de frequentadores de um funeral importava na sociedade taiwanesa, ela pegou. Alguns insistem até que há um motivo sobrenatural por trás dos espetáculos, e dizem que os fantasmas mais velhos ficam com ciúmes dos mais novos e poderiam perseguir seu parente falecido, mas a visão de moças nuas vai distraí-los e garantir que o defunto entre no além em paz. Com certeza, dá um novo sentido à expressão "levantar o morto".

Hoje em dia, a ideia também se espalhou para partes da China continental. Em algumas áreas, um funeral poderia ser a melhor diversão disponível naquela noite. Quase certamente é melhor do que ir a um *karaokê*. Na verdade, não é incomum dois funerais acontecerem ao mesmo tempo, com as dançarinas competindo para ver quem atrai mais convidados à cerimônia. Porém, é importante observar que o governo chinês está tão infeliz com esses funerais quanto o taiwanês, e criou uma linha direta para as pessoas denunciarem "crimes nos funerais". Pelo menos cinco pessoas foram presas nos últimos anos por promover essas celebrações "obscenas". Mas os determinados não se intimidarão pela ameaça de cadeia. Um taiwanês que adorava boates de *striptease* e viajava por todo o país para frequentar locais novos apostou com seu filho que, se ele vivesse até os 100 anos, teria uma *stripper* em seu funeral. Ele conseguiu chegar aos 103 e, cumprindo com sua palavra, seu filho contratou a dançarina favorita de seu pai para se despedir dele com estilo.

A vida é dura. Então você morre. Depois jogam terra na tua cara. Depois os vermes te comem. Agradeça que isso acontece nessa ordem.

David Gerrold, escritor

Festa da dança com os mortos

Para os malgaxes de Madagascar, morrer não significa que você deixará de aparecer nas reuniões de família. Isso porque, anos após a morte, o jazigo onde ficam seus parentes mortos é aberto e é hora da festa!

Algumas das tribos malgaxes acreditam que a alma de uma pessoa não deixa o mundo físico até o corpo se decompor completamente. Claramente, ficar preso em uma cripta por anos a fio pode ser bem chato – principalmente se você não for muito próximo de alguns dos outros membros da família dividindo agora seu túmulo. Então, começando no primeiro aniversário de morte de um ente querido, a cada sete aniversários depois disso, toda a família se reúne e tira os corpos ainda intactos de seus ancestrais do lugar em uma cerimônia chamada *Famadihana* ou "virada dos ossos". Uma descrição mais exata seria "dança com os mortos". Embora qualquer cadáver possa participar do ritual, o mais importante é ser sempre aquele que ainda não tinha participado das celebrações. As reuniões podem ter sido influenciadas pelos costumes fúnebres do Sudeste Asiático e parecem datar do século XVII. As reuniões informais podem ser enormes, com parentes vindos de todo o país e até do exterior para participar, porque, sério, que chance você teria de dançar o foxtrote com um defunto?

Enquanto uma banda toca música ao vivo, os parentes seguram os corpos acima das cabeças e dançam com eles. Isso pode continuar por horas, enquanto centenas de parentes, amigos ou até turistas ficam bêbados e compram cigarros de camelôs preparados para a celebração.

Enquanto uma banda toca música ao vivo, os parentes seguram os corpos acima das cabeças e dançam com eles. Isso pode continuar por horas, enquanto centenas de parentes, amigos ou até turistas ficam bêbados e compram cigarros de camelôs preparados para a celebração. Depois do fim da dança, eles mudam as mortalhas de seda que envolviam a maioria dos corpos sólidos, enquanto aqueles que caíram aos pedaços (possivelmente ajudados por toda a dança) são arrumados em uma forma vagamente humana. Os parentes passam as mãos nos falecidos, contam notícias e fofocas, além de pedirem por bênçãos de boa saúde e riqueza. Vários membros da família e os oficiais locais convidados fazem discursos e então todo mundo continua a beber. No fim das celebrações, que podem durar de dois a três dias, os camaradas são cobertos com novas mortalhas, renomeados e colocados de volta ao jazigo com presentes dos vivos. Não é de surpreender que um presente popular seja o álcool, pois todos enfiam o pé na jaca nas celebrações. O túmulo é fechado de novo e todos voltam para casa para curar a ressaca até o próximo *Famadihana*. Algumas Igrejas Protestantes tentaram acabar com a prática, mas a Igreja Católica permite, por vê-la como celebração cultural, não religiosa. Porém, esses eventos não são baratos, pois os anfitriões pagam pelos músicos, pelas mortalhas novas, pelo banquete para centenas de pessoas e pela louca quantidade de álcool necessária para convencê-los de que dançar com cadáveres é uma boa ideia. Mas até em Madagascar, um dos países mais pobres do mundo, eles acham que vale a pena gastar, graças à importância dessas reuniões familiares.

Caixões exóticos

Em 1989, os visitantes do Museu Nacional de Arte Moderna olhavam fixamente para algo um pouco mais extravagante do que o já esperado quadro todo branco ou o mictório de ponta-cabeça. Pela primeira vez, os ocidentais foram apresentados à habilidade esplêndida de Kane Kwei, um artesão de Gana especializado em caixões.

Kwei não começou no comércio de caixões. Ele construía cadeiras decorativas para dignitários locais sentarem nas procissões. A mudança em sua carreira aconteceu por acaso, na década de 1950, quando um desses dignitários pediu que sua cadeira tivesse o formato de uma semente de cacau. Quando o homem morreu, logo antes da parada, os encarregados resolveram enterrá-lo na "cadeira" perfeitamente moldada. Logo depois, a avó de Kwei morreu. Como ela sempre quis viajar, mas nunca conseguiu, ele projetou um caixão no formato de um avião para ela "viajar após a morte". Nesse momento, as pessoas começaram a ouvir falar da criatividade de Kwei na produção dos caixões e seu terceiro cliente foi um pescador que queria ser enterrado em uma canoa. Depois disso, a popularidade de seus caixões exóticos cresceu rapidamente. Ele recebeu tantos pedidos por caixões que refletissem a personalidade do falecido, ao pé da letra, que Kwei contratou aprendizes, muitos dos quais acabaram saindo para começar seus próprios negócios de fabricação de caixões pitorescos. Hoje em dia, em partes de Gana, é muito menos provável ver um caixão tradicional do que um no formato de um frango ou um celular.

Apesar dos caixões extravagantes que podem parecer qualquer coisa – incluindo peixes, couraçados, anjos, *Cadillacs*, martelos, elefantes, leões, garrafas de Coca-Cola e sapatos (só para dizer alguns) –, os enterros são mesmo levados muito a sério. A religião local, uma combinação de Cristianismo com tradições populares, diz que caixões agradarão aos falecidos e os carregarão na vida após a morte, e deixar seus ancestrais felizes desde o início é bom para sua futura felicidade. Mas, felicidade à parte, a arte nos caixões é requintada, deixando-os dignos de exposição em museus, mas a habilidade do artesão é desperdiçada de alguma forma nos caixões. A família só o vê pela primeira vez no dia do enterro e depois ele vai direto para debaixo da terra.

Depois da exposição de Kwei, em Paris, outros fabricantes de caixões foram convidados para expor em todo o mundo, mas foi só quando fotos desses caixões malucos começaram a aparecer na Internet que o resto do mundo realmente tomou conhecimento deles. Agora, os artesãos relatam pagamentos regulares de todos os lugares do mundo. E, embora a cidade de Acra não seja o primeiro lugar a se pensar como um destino obrigatório, graças ao fascínio das pessoas por esses caixões, a cidade presencia um aumento rápido nos visitantes estrangeiros. Parece que os turistas *morrem* de vontade de visitar.

> Meu papel de parede e eu estamos travando
> um duelo mortal. Um de nós precisa sair.
> Oscar Wilde, escritor (falecido em 1900)

Casamentos póstumos

Ainda que casar com um morto não possa parecer a ideia mais óbvia do mundo, quatro diferentes culturas em três continentes pensaram nisso ao mesmo tempo. Então, o conceito deve ter alguma vantagem. E, embora não seja tão comum quanto nos quatro grandes (França, China, Índia e Sudão), as cerimônias de casamento póstumo aconteceram em dúzias de outros países ao redor do mundo. Então, se sua mãe vive enchendo, e diz que você está ficando velha para casar e por que você não pode sossegar já, apenas a tranquilize dizendo que você tem literalmente toda a eternidade.

Na França, esses casamentos costumam ser realizados se o noivo de uma mulher morrer antes da cerimônia. A prática parece ter se originado durante a Primeira Guerra Mundial, quando as mulheres queriam honrar seus relacionamentos com os soldados que morriam no *front*. Considerando os poucos jovens elegíveis que sobravam depois da guerra, um casamento fantasma era provavelmente uma das melhores opções. Depois do desabamento de uma represa na década de 1950, uma mulher solicitou ao presidente da França permissão para casar com seu noivo, que se afogou. Após muita atenção da mídia, redigiu-se rapidamente uma lei legalizando o casamento póstumo na França. Mas não era para qualquer um; como você deveria solicitar ao presidente, provar que estava noiva e receber a aprovação da família do falecido, Romeus e Julietas modernos nem precisavam pedir. Mesmo com todos esses obstáculos, 75% das centenas de requerimentos apresentados todo ano tinham sucesso. Uma vez aprovada a solicitação, realiza-se uma verdadeira cerimônia de casamento, com uma foto representando o cadáver (já que a decomposição costuma ser broxante). O casamento também legitima qualquer filho que o casal teve antes do casamento. Em vez de esposa, a mulher (em geral é uma mulher) torna-se legalmente uma viúva. Porém, como o casamento não lhe dá o direito de cobrar qualquer herança que o falecido tenha deixado, a noiva não precisa ir direto do altar para o escritório de um advogado para brigar por causa do testamento.

Na China, os casamentos fantasmas já foram muito mais comuns do que são hoje. Casar-se era importante para uma mulher, pois ela se unia à família de seu marido, tinha filhos e seus descendentes a cultuavam como parte daquela família. Isso pôs muito mais pressão nas solteironas do que a perspectiva média de ter uma dúzia de gatos. Se uma mulher morresse antes de se amarrar, ela poderia se casar com um morto solteiro. Isso uniria as famílias e, com isso, seus parentes poderiam rezar por ela. Se uma mulher viva continuar solteira, ela pode casar com um homem morto pelo mesmo motivo. Casar um filho falecido com uma mulher viva também traz benefícios à família do filho. Embora a mulher deva ser leal ao seu marido e, portanto, celibatária a vida inteira (a menos que ela tivesse uma relação sexual bem chata), com a presença de uma "esposa" na família, os pais do marido poderiam adotar uma criança no nome dele. Essa criança seria então considerada seu herdeiro legítimo. Sem uma esposa, a adoção seria impossível.

Apesar da tentativa do partido comunista de acabar com os casamentos fantasmas em 1949, eles ainda ocorrem. Em 2012, ladrões de túmulos foram presos por roubarem o cadáver de uma mulher recém-falecida e tentar vendê-lo para casamento e, em 2007, um homem confessou ter matado pelo menos seis mulheres para vendê-las como noivas. Esses corpos e os casamentos celestiais que eles representam, vendidos por milhares de dólares, fazem mulheres adultas mortas valerem mais em partes da sociedade chinesa do que meninas vivas.

Adeus a Fido

Se você já teve um bicho de estimação, sabe que a perda dele pode machucar tanto quanto a perda de um amigo ou parente. Até onde sabemos, nunca houve um ponto na história humana que não tenha sido assim. Foram descobertas sepulturas datando de pelo menos 2500 a.C., que indicam um enterro ritualizado para animais, e tanto Alexandre, o Grande, quanto os faraós egípcios construíram grandes tumbas para seus mais queridos cachorros e cavalos. O povo comum do mundo antigo separou áreas enormes apenas para enterrar seus bichinhos. E pensar que você jogou seu peixinho dourado pela privada. Que vergonha!

Demonstrar abertamente a dedicação aos animais parece ter morrido um pouco na Europa durante a Idade Média, provavelmente por causa das acusações de bruxaria, principalmente sobre as mulheres que parecessem íntimas demais de seus animais. Mas na era vitoriana, quando a obsessão pela morte atingiu novas alturas, os funerais de animais de estimação voltaram com força. Isso foi bem fácil para as pessoas do campo, mas os animais mortos das cidades populosas eram descartados com o lixo ou jogados em um rio; 3 mil animais mortos foram dragados do Sena em 1899. Os moradores da cidade, desesperados para encontrar um local de descanso final mais aceitável para seus amados bichinhos, começaram a entrar escondidos em cemitérios humanos para enterrar seus animais às altas horas da noite. Os animais eram colocados em caixões pequenos, muitas vezes em uma almofada e enterrados com um ossinho ou brinquedo favorito, em uma tradição que continua até hoje.

Hoje em dia, o enterro de bichos de estimação é um grande negócio. A International Association of Pet Cemeteries and Crematories [Associação Internacional de Cemitérios e Crematórios de Animais] faz cumprir as regulações e conta com milhares de membros, mais de 500 dos quais apenas nos Estados Unidos. Você pode comprar tudo, de caixões dourados a jazigos de mil dólares para seu bichinho amado. Mas, hoje em dia, a nova moda é levar essa devoção um passo além e ser enterrado com seu bichinho.

A maioria dos cemitérios dos humanos especificamente não permite enterros de animais. Portanto, as escolhas para alguém que quiser passar a eternidade perto de seu melhor amigo são limitadas. Uma forma de contornar isso é a cremação. Como as cinzas humanas podem ser enterradas ou espalhadas em quase todos os lugares, as pessoas começaram a deixar pedidos para serem cremadas e enterradas perto de seu gato ou cachorro em um cemitério de animais. Em 2011, um desses cemitérios, em Nova York, onde pelo menos 700 humanos decidiram descansar com seus bichinhos no último século, baniu a prática de repente. Quase imediatamente, eles se viram no lado errado de uma controvérsia tempestuosa e logo recuaram. Que isso sirva de lição a qualquer um que possa tentar algo semelhante: não mexa com alguém que acabou de perder um bicho de estimação. Hoje, locais para enterro novinhos em folha estão abrindo com o propósito definido de deixar humanos e animais juntos por toda eternidade. E, em 2010, o primeiro cemitério misto humano/animal abriu na Inglaterra, indicando que essa tendência logo será global. Que divertido! Você terá toda a eternidade para ensinar novos truques ao seu cãozinho – como rolar no túmulo e se fingir de vivo.

A grande coisa dos mortos: eles abrem espaço.

John Updike, escritor (falecido em 2009)

Superlativos Não Muito Solenes

Não importa quanto tempo você passa planejando seu funeral, haverá alguém que fará melhor, mais luxuoso, mais rápido ou apenas mais legal. Não contente em apenas vencerem uma à outra durante a vida, as pessoas também levam a morte ao limite. Seja com a discussão contínua sobre qual é o maior cemitério do mundo ou quem conseguiu o maior comparecimento quando morreu, os registros fúnebres são importantes. E, em se tratando daqueles acompanhados pelo *Livro dos Recordes*, eles são desafiados e quebrados o tempo todo. Talvez você queira ser um dos milhões a fazer um passeio macabro ao cemitério mais visitado do mundo ou pegar dicas sobre como dar um funeral de primeira para seu cachorro. Mesmo se você só quiser levar uma vida boa na morte e sair com o rabecão, o caixão e o jazigo mais caros, os superlativos neste capítulo são feitos para você.

O nome de cemitério mais popular

O que os colonizadores do Velho Oeste tinham de resistência para aguentar a miséria, construindo algo do nada, e força para aniquilar populações (de índios americanos e búfalos), eles não tinham em criatividade. As cidades recebiam nomes de outras que já existiam ou de um ponto de referência natural. E que nomes importantes! Quando chegou a hora de nomear os cemitérios, praticamente todos pensaram no mesmo: Boot Hill.

A cidade de Dodge City, em Kansas, foi a primeira a pensar no apelido. Em se tratando do Velho Oeste, um grande número de homens parecia "bater as botas". Não deitados na cama por alguma doença, mas normalmente no meio da rua ou em um bar por ferimento à bala ou o que foi caprichosamente chamado como "envenenamento por chumbo". Como muitos dos homens não queriam que suas famílias soubessem como eles morreram, um número improvável em estatísticas de lápides dizia que o dono fora atingido por um raio.

A popularidade do nome era impressionante e logo centenas de cidades tinham um Boot Hill, mas os mais famosos incluem aqueles em Deadwood, South Dakota, e Tombstone, Arizona. O Boothill de Tombstone, que, embora ninguém tenha sido enterrado lá em mais de cem anos, ainda está aberto ao público, é mais famoso como o local de enterro de Billy Clanton, Frank McLaury e Tom McLaury, os três homens mortos por Doc Holliday e os irmãos Earp no O.K. Corral. O Boot Hill de Dakota do Sul, agora chamado Mount Moriah, é mais famoso como o local de descanso eterno para o cowboy Wild Bill Hickok e sua amiga Calamity Jane.

A pessoa mais formidável a ser enterrada em qualquer Boot Hill foi o falecido Lester Moore. Mesmo sendo uma figura histórica de menor importância, ele é lembrado e celebrado atualmente por sua lápide. Enquanto trabalhava como funcionário dos correios para Wells Fargo, ele se viu com um probleminha. Um homem chamado Hank Dustan veio pegar um pacote e descobriu que ele foi bem danificado durante o envio. Hank ficou indiferente e os homens resolveram no estilo Velho Oeste, com balas. Dustan deu quatro tiros, mas, antes de Moore morrer, ele conseguiu atirar de volta, ferindo mortalmente seu oponente (a história não diz o que estava nos pacotes destroçados, mas é melhor que fosse um ovo de dragão ou algo que valesse as vidas de dois homens). Moore foi enterrado no Boothill de Tombstone e a inscrição em seu túmulo o tornou famoso:

Se você estiver pensando em abrir seu próprio cemitério, por que não manter o que você sabe que funciona e chamá-lo de Boot Hill? Logo você terá *cowboys* modernos literalmente morrendo de vontade de serem enterrados lá.

Os maiores cemitérios

Há vários problemas em tentar declarar que um cemitério é o maior. Em primeiro lugar, estamos falando de que tipo de grandeza: área, número de corpos ou uma combinação dos dois? Embora muitos afirmem ser o maior, há três bons competidores em três continentes diferentes.

Ohlsdorf Cemetery

Fundado em 1877, o Ohlsdorf Cemetery, em Hamburgo, Alemanha, é o maior cemitério não militar do mundo em relação à área. Embora não tenha o maior número de corpos, ainda abriga impressionantes 1,5 milhão de mortos. O espaço de 966 acres é uma atração turística popular, e é tão grande que são necessários 25 pontos de ônibus para as pessoas irem de um lugar ao outro sem se cansarem. São necessários também 230 jardineiros só para manter o cemitério bonito.

Por ser na Alemanha (onde eles ficam meio melindrados sobre toda a coisa da Segunda Guerra Mundial), há seis memoriais para vítimas dos nazistas, e entre os enterrados estão dignitários como o ex-chanceler alemão, um vencedor de Prêmio Nobel e vários prefeitos de Hamburgo. O enterro mais controverso aconteceu em 2011, e foi da jovem atriz pornô Carolin Wosnitza. Sua profissão não era um problema, já que uma das prostitutas mais famosas da Alemanha, Domenica Niehoff, também está enterrada lá; mas a lápide e o memorial de 25 mil dólares de Carolin, que incluía fotos dela de *lingerie*, foram considerados "*sexy* demais", e o mandachuva do cemitério exigiu sua retirada dela.

Calverton National Cemetery

O maior cemitério militar do mundo em termos de tamanho é o Calverton National Cemetery. Localizado em Long Island, é novo no lance dos túmulos; abriu apenas em 1978. Mesmo espalhando-se por mil acres, Calverton está enchendo rápido, com mais de 200 mil enterros já feitos e outros 7 mil por ano atualmente. Ocorrem tantos funerais lá que o cemitério iniciou um processo quase de linha de montagem para enterrar as pessoas, possibilitando vários enterros ao mesmo tempo.

Wadi-us-Salaam

Em relação a número de corpos, nada supera Wadi-us-Salaam, ou o Vale da Paz, no Iraque. Aproximadamente 5 milhões de pessoas foram enterradas lá desde sua fundação no século VII. Segundo relatos, praticamente todo muçulmano xiita do Iraque pede para ficar lá depois de morrer. Os túmulos no cemitério contêm vários profetas e imãs, incluindo o primeiro imã xiita, Ali ibn Abi Talib. Mas o Vale da Paz tem ficado bem menos pacífico desde a invasão americana no Iraque, com vários tiroteios no cemitério. Os membros da milícia usam os túmulos como esconderijo, e um membro das Forças Armadas descreveu o ato de combater em um cemitério como "bem assustador". Pelo menos tem bastante abrigo...

> Fico sempre aliviado quando alguém faz uma
> eulogia e percebo que estou ouvindo.
> George Carlin, comediante (falecido em 2008)

O cemitério mais divertido

Enquanto algumas culturas veem a morte como uma ocasião moderadamente feliz, a tradição europeia é bem sólida no campo "a morte é séria e triste". Isso, por sua vez, torna o Merry Cemetery [Cemitério Feliz], em Sapanta, na Romênia, conhecido como o cemitério mais divertido do mundo, particularmente desconcertante. Fundado na década de 1930 por Stan Ioan Patras, um artesão local, em cima de todos os túmulos existem esculturas de flechas pintadas em cores fortes e alegres, e incluem informações, retratos e descrições bem engraçadas do falecido. Esse ponto de vista divertido e satírico da morte pode ter sido influenciado pela antiga religião local, Zalmoxiana, e a crença de que a morte não passa de uma mudança de local; é como mudar de casa, sem ter de levar todas as suas tralhas junto.

As lápides de madeira do cemitério são todas feitas à mão. A parte de cima inclui uma representação do finado em caricatura, em geral fazendo algo relativo à sua ocupação. Embaixo há um epitáfio explicando informações relevantes sobre o querido defunto, embora possamos debater o quanto elas são relevantes em alguns casos. As esculturas são pintadas em cores fortes, com a predominância do azul em todo o cemitério. O produto final é bem impressionante e a área obviamente é uma atração turística. Até o ditador romeno Nicolae Ceausescu visitou o cemitério em 1974.

As imagens nos 600 ou mais túmulos às vezes sugerem como o falecido encontrou seu fim. Por exemplo, uma retrata um pastor cuidando de seu rebanho, sem perceber o ladrão que o mataria de pé bem atrás dele. Outra mostra um homem com seus adorados cavalos, mas como sabemos pelo epitáfio, "quando estava sentado em um monte de grama em uma carroça puxada por um cavalo, caí e fui morto". Esses romenos hilários, sempre a postos com uma gargalhada.

A maioria das descrições parte do ponto de vista do falecido e às vezes inclui mais informação do que você poderia querer. Um homem espera que haja sanduíches de queijo no céu. Outro reflete sobre como ele era bom e lindo e como poucos foram como ele...

A maioria das descrições parte do ponto de vista do falecido e às vezes inclui mais informação do que você poderia querer. Um homem espera que haja sanduíches de queijo no céu. Outro reflete sobre como ele era bom e lindo e como poucos foram como ele. Mas o epitáfio mais famoso não é um escrito do ponto de vista do morto. Em vez disso, o genro de uma mulher fez versos, e nós só podemos supor que o relacionamento entre eles era volátil. Ele diz que, se ela tivesse vivido apenas mais alguns dias, sua presença o teria matado e que ele promete se comportar bem daquele momento em diante para garantir que ela nunca volte do inferno para "arrancar sua cabeça".

Vale a pena mencionar que Patras, o fundador do cemitério, morreu em 1977, não antes de contratar um aprendiz e esculpir seu próprio marcador de túmulo, que diz:

> Desde menino
> Fui conhecido como Stan Ioan Pătraş
> Ouçam-me, companheiros
> Não há mentiras no que vou dizer
> Por toda a minha vida
> Não quis machucar ninguém
> Mas fiz o bem o quanto pude
> A quem pedisse
> Oh, meu pobre mundo
> Porque foi duro viver nele.

Os pedaços de terra mais caros do mundo

A grama do vizinho é sempre mais verde, e isso não é só para os vivos. Mesmo quando você morre, há certos cemitérios que estão em um patamar acima do restante e, assim como tudo exclusivo na vida, você pagará os olhos da cara por eles. Há benefícios em ter um dos jazigos mais cobiçados do mundo, claro, mas você não conseguirá apreciá-lo realmente, pois estará morto quando começar a ocupá-lo. Mesmo assim, pode significar que a família o visite mais, supondo que eles não estejam nas Maldivas bebendo toda a herança.

Cemitério de Santa Bárbara

O Cemitério de Santa Bárbara seria o lugar perfeito para algumas casas multimilionárias. Em vez disso, os familiares visitantes têm algumas das melhores vistas do país. As covas ficam de frente para o oceano e o cemitério é cheio de palmeiras. Os jardineiros mantêm a grama tão imaculada quanto qualquer uma dos muitos campos de golfe da área. Os túmulos na propriedade estão mais para templos gregos. E, se você quiser ter uma vista do Pacífico por toda a eternidade, só lhe custará 85 mil dólares. E isso tudo não é para um daqueles mausoléus chiques, que custam milhões, mas sim por um ponto mais próximo da beira da colina.

Forest Lawn Memorial Park

O lugar mais exclusivo para ser enterrado em Hollywood é o famoso Forest Lawn Memorial Park. Fundado em 1906 como um cemitério sem fins lucrativos, os proprietários se comprometeram a torná-lo o cemitério mais lindo do mundo e, por muito tempo, isso incluía impedir que qualquer um que não fosse branco e cristão fosse enterrado lá. Um pouco menos controverso era seu foco no trabalho de arte, como os jardins que são salpicados de centenas de esculturas. Literalmente centenas de famosos da indústria de entretenimento estão enterrados lá e, se você quiser se juntar a eles em seu belo mausoléu, isso só lhe custará 825 mil dólares. O esquisito é que as três capelas do local são populares não só para funerais, mas para casamentos. Ronald Reagan casou-se com sua primeira esposa em uma delas.

Cemitério Woodlawn

Talvez o cemitério mais caro do mundo seja o Woodlawn, no Bronx. Local de descanso eterno da elite da cidade de Nova York desde 1863, o Woodlawn mereceu um lugar no Registro Nacional de Locais Históricos dos Estados Unidos e foi nomeado Marco Histórico Nacional. Embora até mesmo os pontos mais baratos no cemitério lhe custarem mais por metro quadrado do que você pagou por sua casa, o pior é o custo por terra, o suficiente para construir um mausoléu familiar. Quanto? Uma bagatela de 1,5 milhão de dólares. Parece que você precisa amar *mesmo* sua família para deixá-los por toda a eternidade em Woodlawn!

Morrer é fácil, eu morro de medo é de viver.

Annie Lennox, cantora e compositora

Os caixões mais caros

Se você conseguiu descolar um ponto em um dos cemitérios mais caros do mundo e planeja ser carregado para seu descanso eterno no rabecão mais caro do mundo, é melhor garantir que seu caixão seja feito de mais do que um mero compensado. Felizmente, há muitas empresas prontas para vender a preços exorbitantes caixões que oferecem todas as necessidades pessoais que seu corpo não apreciará.

Se você quiser o melhor do melhor de alguma coisa, ou pelo menos o mais pomposo e caro, uma boa dica é copiar tudo que Michael Jackson fez na mesma situação. Muito embora o Rei do *Pop* tenha morrido relativamente jovem, ele já havia escolhido seu caixão. Jackson inspirou-se na escolha do féretro de James Brown, o Padrinho do *Soul*, anos antes, e é bom que ele tenha pensado grande. Se você assistiu ao funeral de Jackson na TV, era difícil não ver o caixão colocado no meio e na frente, considerando que era completamente banhado em ouro e brilhava como um espelho. Chamado de "Promethean", o esquife é de bronze maciço, com um banho de ouro 14 quilates e forrado de veludo azul.

Esquifes como o "Promethean" custam cerca de 30 mil dólares, embora não se saiba se o de Jackson foi feito sob medida com acréscimos caros. Mas caixões exageradíssimos são um grande negócio, principalmente no Sudeste Asiático. Quando as pessoas na região ficam mais ricas, querem partir no estilo com que estavam acostumadas em vida. Aqueles banhados a ouro são particularmente populares, mas, se você quiser algo bem caro, ou pelo menos bem menos espalhafatoso, existe outra opção.

O gerente funerário malaio Datuk Frank Choo Chuo Siong oferece a seus clientes (ou qualquer um disposto a pagar as taxas de importação) um esquife de 40 mil dólares feito de mogno maciço. O exterior é esculpido à mão com detalhes delicados, enquanto o forro é feito de veludo vinho. Para garantir ao finado o máximo de conforto na vida após a morte – enquanto prova que o QI pode cair quando a riqueza aumenta – o encosto para a cabeça é ajustável. Tudo bem, você pode garantir que seu corpo morto em decomposição, ou o de seu ente querido, não fique com dor no pescoço. Chuo Siong diz que algumas pessoas estão dispostas a fazer um esforço (ou gastar mais) por seus familiares. Isso provavelmente ajuda com que eles o deixem rico no processo.

O gerente funerário malaio Datuk Frank Choo Chuo Siong oferece a seus clientes (ou qualquer um disposto a pagar as taxas de importação) um esquife de 40 mil dólares feito de mogno maciço. O exterior é esculpido à mão com detalhes delicados, enquanto o forro é feito de veludo vinho.

E se você quiser ser cremado e se sentir excluído de toda essa gastança, não se preocupe, há um mercado esperando para pegar seu dinheiro também. Uma funerária malaia oferece urnas funerárias de 60 mil dólares feitas de jade maciço.

Os maiores funerais

Quando alguém importante e bastante querido morre, seu funeral torna-se um evento social no qual as pessoas se reúnem para expressar sua dor, mesmo se o número absoluto de presentes significar que nenhum deles conseguirá chegar perto do caixão. Enquanto a princesa Diana, o papa João Paulo II e Michael Jackson tiveram um grande número de pessoas enlutadas celebrando suas vidas do conforto de seus lares pela televisão, com direito a pizza e cerveja, o número de pessoas que realmente apareceu não é nada se comparado a algumas das maiores multidões em funerais de todos os tempos.

Victor Hugo

Embora o funeral do autor Victor Hugo tenha atraído apenas cerca de 2 milhões de pessoas, se compararmos esse número com a população de Paris na época, torna-se um dos maiores comparecimentos da história em termos de porcentagem. Hugo, autor de *Os Miseráveis*, era incrivelmente popular entre os franceses, e, quatro anos antes de ele morrer, uma parada em sua homenagem atraiu tantas pessoas quanto seu funeral. Quando ele morreu, o *New York Times* relatou que centenas de milhares foram obrigados a dormir ao relento na chuva porque todos os quartos de hotel em Paris estavam ocupados. Embora a polícia estivesse a postos por causa de rumores de agitação, o funeral foi completamente tranquilo e transcorreu sem problemas.

Aiatolá Khomeini

O aiatolá Khomeini era tão popular quando morreu em 1989 que seu círculo íntimo atrasou o anúncio de sua morte até eles terem preparado seu sucessor. O Irã não podia se dar ao luxo de uma revolta contra o novo aiatolá. Quando as notícias de sua morte vazaram, as pessoas começaram a se reunir nas ruas. Seu corpo foi exibido às pressas no topo de contêineres de embarque no meio do nada para dar espaço para as centenas de milhares que já haviam aparecido. Pelo menos oito pessoas morreram esmagadas para ver o corpo. Quando ele foi enterrado, cerca de 9 milhões de pessoas tinham tomado as ruas em luto.

Anna

Mas a maior aglomeração fúnebre de todos os tempos, certificada pelo *Livro dos Recordes,* foi para Conjeevaram Natajaran Annadurai, um político indiano conhecido como Anna. Ele morreu em 1969, com 59 anos, depois de perder a luta contra o câncer. Cerca de 15 milhões de pessoas apareceram para chorar por ele, fazendo deste não só de longe o funeral com mais pessoas de todos os tempos, mas uma das três maiores aglomerações pacíficas da história.

Os rabecões mais rápidos

Se você já se viu em uma situação em que precisou levar um corpo a um cemitério muito, mas muitíssimo rápido, não se preocupe. Quase todo tipo de rabecão foi testado para bater o recorde de velocidade em algum ponto da história e, apesar de seu peso, essas coisas realmente podem voar. Obviamente, um *Lincoln* ou um *Cadillac* são grandes e pesados demais para andar assim tão rápido, mas é aí que entram as motos funerárias.

Embora a moto funerária exista em muitos países, parece haver uma predileção por ela na Inglaterra, principalmente entre os clérigos. Aparentemente, depois de conduzir dúzias de funerais, os homens da batina começaram a descobrir como elas poderiam deixá-los um pouco mais rápidos. Em 2011, o reverendo Ray Biddiss tentou entrar para o *Livro dos Recordes* por rabecão mais rápido em uma moto feita sob medida, que ele aperfeiçoou por quatro anos. Embora o produto final tenha três rodas e uma necessária extensão retangular na traseira para carregar um caixão, o reverendo garantiu às pessoas que isso não contava como um *sidecar*, pois "nem morto ele entraria em um". Presumivelmente ele não deixaria seu passageiro morto entrar em um também, pois eles não ajudariam em nada nas curvas.

Biddiss chamou sua moto funerária de Rocket e, durante seu teste oficial para bater o recorde, chegou a mais de 182 quilômetros por hora puxando um caixão de 1,82 metro. Embora ninguém fosse obrigado a deitar no caixão em uma moto indo a mais de 180 quilômetros por hora só para a tentativa, pode-se supor que o peso de outro corpo o deixaria um pouco mais lento em uma situação real. Isso e o fato de que essa velocidade seria ilegal em estradas reais...

Apenas um ano depois, outro pastor inglês decidiu tentar bater o recorde. O pastor Paul Sinclair, conhecido pelo apelido *Faster Pastor*, é um verdadeiro maluco por motos. Ele diz que levar um motociclista até o local de seu descanso final em um carro seria o mesmo que enterrar um muçulmano em uma cerimônia cristã ou um torcedor com as roupas do time rival. Por isso ele abriu sua própria empresa de motos funerárias em 2002. Em 2012, ele levou um de seus melhores exemplares para uma tentativa de quebra de recorde. Ao contrário da Rocket, essa moto tinha o compartimento para o caixão ao lado em vez de atrás da moto – algo que com certeza dividiria qualquer entusiasta que precisasse chegar a um funeral a uma velocidade de quebrar a coluna –, mas o reverendo teve êxito em sua tentativa, atingindo 189 quilômetros por hora. Só podemos supor que, em algum lugar de uma catedral, mais sacerdotes estejam acelerando para o próximo ano.

A morte não passa de uma bola rápida no canto de fora.

August Wilson, dramaturgo

As lápides mais belas

A beleza pode estar nos olhos de quem vê, mas, em se tratando da beleza da morte, você se sentiria pressionado a achar uma coleção maior de lápides deslumbrantes do que aquelas cobrindo os túmulos das centenas de Cavaleiros de Malta na Cocatedral de St. John, localizada na ilha da qual tiraram seu nome.

Os Cavaleiros de Malta se formaram primeiro para dar auxílio médico aos cristãos que faziam peregrinações à Terra Santa. Quando Jerusalém caiu, os Cavaleiros retiraram-se para a Europa, estabelecendo em seguida sua sede na Ilha de Malta, no Mediterrâneo. Lá, em 1572, uma catedral foi construída em homenagem às suas vitórias militares contra os otomanos (não ligue para o fato de que os otomanos os venceram bem mais do que eles venceram os otomanos, e que por isso eles tiveram de deixar a Terra Santa, para começo de conversa). Como todos estavam em um estado de espírito militar (quase um padrão na época), o lado externo da catedral mais parecia um forte, e o interior não era muito mais interessante. Mas, no extravagante século XVII, todos perceberam que o interior sombrio precisava de algo com um pouco mais de capricho. Por volta dessa época, importantes Cavaleiros da Ordem começaram a ser enterrados na catedral e seus túmulos aumentaram seu esplendor.

Nos dois séculos seguintes, o piso da igreja foi coberto de uma parede a outra com placas de mármore. Cada uma delas representava o túmulo do cavaleiro que descansava embaixo; quanto mais importante o cavaleiro, mais perto ficava do altar. Mas todas essas placas de mármore eram tão extravagantes quanto fosse possível. Primeiro, o mármore não era maciço. Era marchetado nos mínimos detalhes, com cada túmulo exibindo tanto o brasão do cavaleiro quanto um verso comprido sobre sua vida. Outros temas populares incluíam crânios e anjos. E todas as placas foram marchetadas à mão com um mármore caro e colorido. Se fossem encomendadas hoje, as placas custariam bem mais do que a lápide moderna mais elaborada.

O visual geral é assombroso, ainda que um tanto esquizofrênico e abarrotado. Não há quase nenhum centímetro do chão que não esteja coberto dessas lápides. Os epitáfios incluem ideias grandiosas sobre o lado filosófico da morte e as duras realidades, incluindo o fato de que um cavaleiro morreu de "uma doença intestinal, curta, mas muito grave". Até naquela época uma tripa podre era um inimigo poderoso. Durante a Segunda Guerra Mundial, essas obras de arte macabras quase se perderam quando a catedral foi atingida por um bombardeio. Embora tudo de valor tenha sido retirado, os Cavaleiros não poderiam cavar o chão inteiro.

Odeio funerais e não iria ao meu se eu pudesse evitar.
Robert T. Morris, cientista da computação

O cemitério mais amargo

Embora o Cemitério Nacional Arlington possa ser um solo santo para os americanos hoje, ele começou como nada além de um bom e velho dedo do meio em riste para a Confederação. Veja bem, antes de ser um cemitério nacional, Arlington foi uma fazenda, em uma terra excelente na frente da capital americana, no outro lado do Rio Potomac. O neto adotivo de George Washington a passou para sua filha em 1857. Só isso já daria importância ao local, mas essa filha, Mary Custis, casou-se com o general Robert E. Lee e, depois do ataque ao Forte Sumter, a propriedade rural foi da nota de rodapé histórica interessante ao lar do rebelde número um. Isso irritou muita gente importante.

Percebendo que o pior lugar para ela era a alguns quilômetros das pessoas que tentavam matar seu marido, Mary Lee fugiu de sua casa logo depois do início da guerra. O exército olhou para a grande casa vazia e decidiu que seria o lugar perfeito para abrigar alguns milhares de soldados e tramar a queda do dono. O fato é que os soldados foram bem respeitosos com as coisas do líder rebelde e não mijaram em todos os bules.

Enquanto a guerra se arrastava e cada vez mais soldados mortos chegavam recém-embalsamados para ser enterrados ao redor de Washington, D.C., os cemitérios locais começaram a encher e o general intendente do Exército americano, Montgomery Cunningham Meigs, recebeu a missão de encontrar novos lugares para enterrar os mortos.

Enquanto a guerra se arrastava e cada vez mais soldados mortos chegavam recém-embalsamados para ser enterrados ao redor de Washington, D.C., os cemitérios locais começaram a encher e o general intendente do Exército americano, Montgomery Cunningham Meigs, recebeu a missão de encontrar novos lugares para enterrar os mortos. Naquele momento, Washington, D.C. era praticamente um pantanal aberto nesse ponto, e havia vários lugares que serviriam como cemitérios convenientes, mas Meigs sabia que apenas um lugar preenchia os requisitos, e esse era o jardim da frente da adorável casa de Lee. Ele começou enterrando oficiais lá, garantindo que alguns deles até tocassem a casa. Assim, se o general viesse para casa bem no início do apocalipse zumbi, os oficiais falecidos teriam uma distância muito mais curta para se arrastar até ele.

Com a guerra perto do fim, um dos parentes de Lee visitou a fazenda e chegou à conclusão de que ainda seria habitável se os corpos fossem retirados (isso, claro, levanta a questão do quanto a casa estava limpa depois de alguns anos de centenas de soldados usando os banheiros). Mas Meigs recusou-se a tolerar isso. Da parte dele, Lee era um traidor e, se ele insistisse em voltar para casa, seria para o fedor da morte. Determinado a tornar a casa e a terra completamente inabitáveis para seu dono traidor, ele ordenou que milhares de outros corpos fossem enterrados em volta da fazenda.

Depois da guerra, a terra voltou para a família de Lee, mas o governo, tão irritado com Lee quanto Meigs ficou, descobriu uma forma sorrateira de tomá-la. Como Mary Lee não tinha conseguido pagar os impostos territoriais devidos sobre a terra nos últimos anos (o que é compreensível, pois, sabe, ela estava literalmente em guerra com o povo que a cobrava), a fazenda foi penhorada. A quantia devida era quase trivial e o objetivo do ato estava óbvio para todos: uma simples tentativa legal de se vingar da família Lee. O caso acabou na justiça e em 1882 a Suprema Corte decretou que a terra fora confiscada ilegalmente e o governo tinha de devolvê-la à família sem nenhum cadáver. Percebendo que forçar o governo a retirar 17 mil soldados, incluindo alguns oficiais da União condecorados, poderia não ser a melhor RP para sua família, o filho de Lee, Custis, concordou em vender a propriedade para a nação.

Meigs ficou bem feliz com esse resultado. Depois da guerra ele não tinha desistido do controle do cemitério e continuava a se envolver pessoalmente com o enterro de mais soldados lá, mesmo quando a família Lee tecnicamente voltou a ser dona do lugar. Quando o homem que enterrava os corpos se irritava, era difícil pará-lo. Meigs também embarcou em vários projetos de construção na terra em memória dos generais da União e, claro, um para si mesmo, em homenagem a seus esforços contínuos de arruinar a casa de um cara. Quando multidões começaram a frequentar as celebrações memoriais na velha fazenda, ele mandou que árvores fossem cortadas e um anfiteatro fosse construído para abrigar os visitantes. Então, quando o governo americano assumiu oficialmente o controle da terra, em 1883, Meigs ordenou a construção de um "Templo da Fama" para celebrar o evento, bem no meio do que foi um dia o jardim de flores de Lee. Pelo menos não era uma videira, senão haveria uvas azedas circulando por lá.

A menor lápide do mundo

Em um canto silencioso do Cemitério Oak Hill, no Missouri, você pode tropeçar, literalmente, na menor lápide do mundo. Medindo cerca de 12 x 10 x 7,5 centímetros, o marco é tão pequeno que fica preso ao chão com uma barra de ferro para mantê-la no lugar e permitir que ela seja virada para cima. Um lado tem o nome da falecida, Linnie Crouch, o outro tem apenas a data da morte, 25 de abril de 1898. Apesar de o túmulo atrair muitos visitantes e estar presente no *Ripley's Believe It or Not!*, isso é tudo o que sabemos sobre Linnie Crouch. Por causa de um gravador preguiçoso, não sabemos nem quando ela nasceu. Isso, claro, é muito bobo, porque há na lápide quatro lados perfeitamente bons, apesar de pequenos, que poderiam ter sido usados para mais informações.

Nós só podemos deduzir que o tamanho pequeno provavelmente não se deveu à falta de dinheiro; a gravação é bem-feita, com um pouco de estilo, e tem uma borda decorativa. O cemitério também é bem mantido até hoje e nunca foi usado para enterrar um pobre. Então esse pedacinho de rocha nos deixa com muito mais perguntas do que respostas; por exemplo, Linnie era pequena? Ela poderia ter sido a menor mulher de todos os tempos. Porque isso seria incrível.

Outra séria candidata à menor lápide é uma sobre a qual nós sabemos alguma coisa. Em 1929, o *Milwakee Sentinel* noticiou que um cemitério em Indiana tinha o que eles pensavam ser a menor do mundo, com 10 x 5 x 17,7 centímetros. Com apenas "Chase, o Barbeiro", ela demarca o túmulo de Charles M. Chase, que, talvez obviamente, foi o barbeiro local por muitos anos, embora a lápide sugira uma dedicação anormal à sua carreira. Dá para imaginar alguém escrevendo: "Jason, o consultor de TI" na lápide hoje? Além da teoria da obsessão, segundo o jornal, há o fato de que durante sua vida Chase usara aquela pedrinha para escorar a porta de seu negócio. Foi provavelmente apenas uma questão de tempo, depois de sua morte, antes de seus amigos descobrirem sua coleção de cabelos...

> Um túmulo é um lugar onde os mortos são colocados
> para esperarem a vinda do estudante de medicina.
> Ambrose Bierce, escritor (falecido em 1913)

A maior lápide do mundo

É de se esperar que algum rei antigo tenha construído uma lápide gigante para si e muitos deles garantiram que fossem erigidos monumentos para registrar todas as suas conquistas. Mas normalmente eles não eram na verdade uma placa sobre seu túmulo. A maior lápide que não fosse uma estátua ou algum outro tipo de monumento pode ter pertencido a um tal Henry Scarlett, de Upton, Georgia. Embora não existam registros de seu túmulo atualmente, de 1888 (a suposta data de seu enterro) até cerca de 1890, sua enorme lápide foi mostrada por uma dúzia dos maiores jornais, incluindo o *New York Times*. Considerando o fato de que esses mesmos jornais noticiavam homens-morcego vivendo na Lua e avistamentos de óvnis por volta do mesmo período, precisamos considerar a história sobre o tamanho de sua suposta lápide com certo cuidado. Porém, se ela existisse atualmente, seria difícil não se ver, pois Scarlett aparentemente escolheu um monte de granito com 30,5 x 76 metros e mandou que ele fosse gravado profissionalmente com sua informação vital (menos a data de sua morte) enquanto ainda estava vivo. Em vez de tentar mover a pedra enorme, ele mandou que um túmulo fosse escavado debaixo dela. Os locais relataram que Scarlett sempre foi meio estranho e que, embora ele doasse muito dinheiro para a caridade e outras boas causas, vivia como um eremita. Alguns atribuíram isso a um coração partido por uma mulher na juventude. Se for verdade, isso dá um verdadeiro toque freudiano à rocha gigante, afinal, depois de uma vida de celibato, suas bolas deveriam ser daquele tamanho todo.

O funeral mais violento

Dizem que você não pode levar nada consigo, mas "nós" obviamente nunca fomos monarcas absolutos de milhões de pessoas. Agora, a melhor coisa em ser um regente absolutista é que você não só leva os bens materiais consigo quando morre, mas também obriga um monte de pessoas a acompanhá-lo. Alguns grandes regentes levaram com eles para a vida após a morte algumas centenas de servos, mas Gêngis Khan levou essa prática a um patamar completamente novo quando morreu.

Agora, a melhor coisa em ser um regente absolutista é que você não só leva os bens materiais consigo quando morre, mas também obriga um monte de pessoas a acompanhá-lo.

Gêngis Khan veio de uma infância difícil e pobre para unir centenas de tribos, e abriu seu caminho pela Ásia com carnificina, criando o maior império que o mundo já viu no processo. Então, aos 65 anos, ele caiu de seu cavalo e morreu, em um fim decididamente capenga para um durão desses. Ainda que sua morte tenha sido repentina, ele já havia se preparado. Além de já ter dividido seu império entre seus filhos, Gêngis escolheu um lugar para ser enterrado. Porém, assim como muitos generais, ele morreu em campanha, bem longe de seu local de enterro preferido. Isso não foi um problema; segundo Marco Polo, o explorador italiano que passou mais de 20 anos na China, os mongóis foram usados para carregar os corpos de seus líderes falecidos por até cem dias para enterrá-los. Mas, como Gêngis Khan pediu que o local de seu túmulo fosse mantido em completo segredo, o cortejo teria de tomar algumas medidas drásticas.

Para começar, eles não contaram a ninguém que o regente tinha batido as botas antes de começarem a longa viagem ao local de sua escolha. Ao longo do caminho, os soldados que escoltavam o corpo matavam qualquer um que por acaso aparecia ao longo do cortejo. Colocando em perspectiva, muitos historiadores acreditam que Khan morreu no Egito, o que significa que o cortejo teve de caminhar por quase 6.500 quilômetros até a Mongólia para chegar ao local do enterro. Mas se você fosse algum camponês egípcio que visse o cortejo enquanto ele passava por sua fazenda, você estaria morto. Eles não se arriscavam.

Quando eles chegaram ao local, escravos construíram uma tumba apropriada. Não temos ideia de como parecia, embora os historiadores achem que um afresco recém-descoberto possa retratar o funeral de

Khan. Mostrando uma tumba e um caixão ornamentados, ela indica que muitas centenas de escravos foram necessárias para completá-la. Porém, eles não tiveram muito tempo para admirar seu trabalho. Quando terminaram a obra detalhada e ornamentada, adequada para um grande regente desses, os soldados os agradeceram matando-os. Então eles enterraram seu regente, com os 2 mil servos adicionais recém-mortos de quem ele poderia precisar na vida após a morte. Logo depois do funeral, os soldados mataram todos que assistiram ao enterro, fossem monges, ministros do governo ou transeuntes. E, só para ter certeza absoluta de que nenhum dr. Doolittle mongol tentasse descobrir onde o túmulo ficava, todos os animais da área também foram mortos, incluindo pelo menos 40 cavalos.

Os 800 soldados que cometeram toda essa chacina em nome da privacidade de Gêngis também sabiam onde o túmulo ficava, claro. Então, depois de cuidarem de tudo, eles também foram mortos, embora não se saiba quem exatamente cometeu esses últimos assassinatos. Embora isso possa ter sido literalmente uma matança generalizada, Gêngis conseguiu o que queria. Quase imediatamente as pessoas não tinham ideia de onde o maior governante dos mongóis foi enterrado e até hoje os arqueólogos passam suas carreiras procurando por ele. Embora possa parecer um tiro no escuro, eles poderiam querer tomar cuidado com qualquer soldado fantasma obcecado por homicídio, que provavelmente conseguiria achar um jeito de manter aquele lugar escondido, mesmo se para isso tivesse de matar de medo alguns milhares de pessoas.

O funeral mais caro

Hoje em dia, o mercado funerário é uma indústria de bilhões de dólares, graças, na maior parte, ao fato de que é bem difícil demorar algumas semanas para pechinchar uma compra quando você tem um cadáver que precisa ser enterrado. Mas o custo de um funeral hoje em dia não é nada comparado ao que costumava ser na cerimônia de alguém. Ora, sempre é difícil comparar algo antigo aos dias de hoje, mas até com limitações como taxas de conversão e falta de informação, os historiadores concordam que o funeral mais caro de todos os tempos – de longe – foi para Alexandre, o Grande. Considerando que nem Hollywood conseguiu fazer um filme péssimo sobre o cara por menos de 155 milhões de dólares, você sabe que tudo em sua vida (e morte) deve ter sido exagerado.

Alex estava em combate, expandindo seu império e tendo romances com seus guarda-costas quando bateu as botas. Ninguém tem certeza de como o grande general morreu, mas as teorias incluem:

- Envenenamento
- Febre tifoide
- Doença no fígado
- Comida em excesso
- Gripe
- Malária
- Leucemia
- Febre do Nilo

O que nós sabemos é que Alexandre estava longe de casa quando caiu doente de repente e morreu após uma longa noite de farra. Esse foi o primeiro problema para seus subordinados (exceto por toda a coisa da morte). Alexandre morreu no atual Iraque, mas seu corpo precisava ser enterrado a 2.900 quilômetros de distância, em sua pátria, Macedônia. Por ser um líder tão importante, eles precisavam planejar um grande cortejo por todo o caminho de volta; não poderiam apenas jogar seu corpo no rio e dizer que foi abduzido por alienígenas, embora isso fosse muito mais fácil para todos os envolvidos. De jeito nenhum isso seria feito logo ou por uma mixaria.

No fim, demorou dois anos só para organizar tudo. Enquanto isso, dependendo de suas fontes, o corpo de Alexandre foi mumificado por embalsamadores egípcios ou preservado em um barril de mel. Se eles tivessem combinado as duas opções e acrescentassem tempero, poderiam ter um líder besuntado de mostarda seca e mel, que seria delicioso – se os gregos fossem canibais, claro. Finalmente, tudo ficou pronto. O historiador Diodoro descreve em detalhes como eles enfeitaram o corpo como um carro alegórico. Primeiro, Alexandre foi colocado em um sarcófago de ouro cheio de temperos caros e incenso. O sarcófago então foi colocado em um esquife de ouro. Depois, todo o conjunto foi coberto com um caro tecido roxo entrelaçado com fios de ouro. No caso de ainda não estar espalhafatoso demais, tudo então foi colocado em uma carruagem dourada gigantesca, cravejada de pedras preciosas e coberta com entalhes de animais dourados e coroas de flores. Para garantir que ninguém perdesse de vista a enorme carruagem brilhante seguida por centenas de pessoas, um sino grande foi amarrado e soava sempre para todos saberem como o cara lá dentro foi importante. Ou isso, ou eles queriam supor com razão que estivessem assistindo à primeira parada do orgulho gay do mundo.

É claro, até com dois anos de preparação, os melhores planos de ratos e homens, sabe, dão errado. Apesar de um túmulo ter sido construído para ele na Macedônia, os restos mortais de Alexandre nunca conseguiram chegar em casa. Um de seus generais interceptou o cortejo e o levou ao Egito. Lá ele mandou construir outra tumba enorme para seu regente falecido, que incluía um sarcófago de vidro ornado para as pessoas verem o corpo besuntado de mel nos próximos 500 anos ou mais.

No fim, o custo de todo o funeral de Alexandre é estimado em 600 milhões na moeda atual. Isso significa que, como uma atração turística, a tumba precisaria arrecadar quase 1 milhão de dólares por ano para igualar os custos do funeral mais de meio milênio depois. E por um tempo parecia ser um bom investimento, mas, em 400 d.C., os escritores comentavam sobre o fato de ninguém saber onde um dos maiores regentes da história estava enterrado. O dinheiro foi bem gasto.

O maior caixão

À medida que as pessoas aumentam de tamanho, os caixões ficam maiores também. Mas não importa o quanto a sociedade fica obesa mórbida, há uma boa chance de que ninguém terá usado o maior caixão do mundo – ou assim esperamos!

Com 20 metros de comprimento e seis metros de largura, o gigante caixão de madeira em Truskavets, Ucrânia, na verdade é usado como um restaurante temático. Chamado "Eternidade", seu menu tem refeições temáticas com os nomes de costumes funerários locais (muitos dos quais são ruins de traduzir, mas incluem "Nos encontramos no paraíso". Provavelmente inclui também o famoso "hambúrguer de ponte dupla de safena", "mate todas as batatas fritas" e torta de abóbora. O tempero de estricnina é opcional).

O interior do restaurante é decorado com parafernálias funerárias reais, incluindo caixões em tamanho normal ainda embalados, coroas de flores e velas de sete dias. Embora isso sem dúvida dê toda uma atmosfera, as decorações significam que o restaurante também serve como um espaço para depósito, pois os donos administram sua própria funerária logo no fim da rua. Talvez eles sejam otimistas demais por esperarem que o caixão recordista atraia turistas para sua cidade, da mesma forma que um restaurante de frutos do mar pode esperar que a maior lagosta do aquário atraísse clientes.

Se isso for morrer, então não penso muito nisso.
Lytton Strachey, escritor e crítico (falecido em 1932)

O cortejo fúnebre mais longo

Ao contrário dos caixões, outros itens mortuários são difíceis de se aumentar cada vez mais. Rabecões, por exemplo, se ficarem grandes demais ficam difíceis de manobrar. Porém, por incrível que pareça, juntar rabecões para fazer um longo cortejo é um recorde concorrido no curto tempo desde que o *Livro dos Recordes* o criou. Em 2011, dois grupos separados, um na Califórnia e outro em Michigan, tentaram reunir os 50 rabecões necessários para o recorde. Não era a primeira tentativa do grupo de Michigan, pois no ano anterior eles conseguiram 43 (a dedicação dos membros do "Just Hearse 'N Around" [Só dando uma voltinha de rabecão] pode ter algo a ver com o fato de eles estarem localizados em e em volta de uma cidade chamada Hell, claro). Porém, a perseverança deles foi compensada e na segunda tentativa eles estabeleceram o primeiro recorde com a participação de 50 rabecões particulares e um gerente funerário. Mas sua felicidade durou pouco e, meses depois, um grupo de gerentes funerários na Holanda os superou com uma carreata com 107 rabecões. Os pensamentos dos observadores casuais não foram registrados, mas só podemos supor que eles acharam que uma reunião familiar da máfia não saiu como o planejado.

O Just Hearse 'N Around tentou bater esse número de novo em 2012, mas só conseguiu angariar 66 rabecões e um carro para carregar flores. Mais uma vez a maioria dos participantes era de donos dos carros, com os organizadores dizendo que a falta de apoio dos proprietários das funerárias deveu-se ao fato de que eles têm uma "opinião cega quanto aos donos recreativos de rabecões". Em outras palavras, se você tem um rabecão para fazer seu trabalho, tudo bem, mas, se você tiver um por diversão, é meio estranho. Afinal, você não vai ganhar dinheiro, otário.

O cemitério mais visitado

Se você teve a sorte de morrer em Paris em algum momento nos últimos 200 anos, existe apenas um lugar onde você iria querer ser enterrado – o Cemitério Père Lachaise. Lar após a morte de centenas da nata da sociedade, esse cemitério é uma das atrações turísticas mais populares na capital e é conhecido por ser o cemitério mais visitado do mundo. Centenas de milhares de pessoas caminham por seus campos extensos todos os anos, enquanto em seus túmulos os mortos insuportavelmente bacanas muito provavelmente torcem o nariz para a gentalha invadindo seu espaço.

Napoleão inaugurou o cemitério em 1804, dizendo que estaria aberto a pessoas de todas as classes e históricos. Como prova disso, a primeira pessoa enterrada lá foi uma garotinha de 5 anos de uma família muito pobre. Mas como Napoleão também queria que pessoas importantes quisessem ser enterradas lá, ele garantiu que a criança tivesse vizinhos importantes, incluindo os corpos do dramaturgo, há muito tempo falecido, Molière e dos famosos amantes fatídicos Abelardo e Heloísa, que logo foram removidos de seus locais de descanso originais para o novo cemitério a fim de deixá-lo mais descolado.

A estratégia de *marketing* funcionou e 25 anos depois havia 33 mil pessoas enterradas no novo cemitério chique. Os residentes famosos incluem: o astro do *rock* Jim Morrisson, o compositor Frédéric Chopin, o mímico Marcel Marceau, a cantora Édith Piaf, a artista Camille Pissarro e os autores Marcel Proust, Oscar Wilde e Gertrude Stein, só para mencionar alguns. Nunca houve nenhum outro cemitério onde você quisesse ser assombrado como nesse.

> Os residentes famosos incluem: o astro do rock Jim Morrisson, o compositor Frédéric Chopin, o mímico Marcel Marceau, a cantora Édith Piaf, a artista Camille Pissarro e os autores Marcel Proust, Oscar Wilde e Gertrude Stein, só para mencionar alguns. Nunca houve nenhum outro cemitério onde você quisesse ser assombrado como nesse.

Você ainda pode ser enterrado no cemitério atualmente, mas, mesmo se for jovem e saudável, vai querer pedir um espaço agora. A lista de espera é enorme e o espaço é limitado. Se seu lar permanente não for em Paris, você também terá de garantir que pelo menos morra na cidade ou não estará qualificado para ser enterrado no Père Lachaise, ou seja, é muito mais fácil entrar vivo nos clubes mais exclusivos de Paris do que entrar morto no cemitério mais popular do mundo, embora aparentemente não seja mais barato.

Mesmo se você conseguir pegar um lugar, não espere ter aquele túmulo para sempre. Assim como outros cemitérios superlotados, é rotina remover os corpos mais antigos para abrir espaço para os mais novos. Comprar um jazigo é caríssimo no cemitério e a maioria escolhe pagar pelas opções de aluguel de dez a 15 anos. Outros até alugam seu túmulo por até 30 anos, esperando que seus descendentes continuem pagando a conta por seu principal bem imóvel. Quando chega sua hora, seus ossos

são levados para o ossuário gigantesco. Embora tenha apenas 70 mil túmulos, segundo estimativas oficiais, de 1 milhão a 3 milhões de pessoas
foram enterradas no cemitério em algum ponto nos últimos 200 anos.

O rabecão mais caro

Em 2012, a *Rolls Royce* decidiu monopolizar o mercado entre os entusiastas em carros para recém-falecidos para quem o dinheiro realmente
não é problema (um grupo feito de literalmente dezenas de pessoas)
apresentando um rabecão incrivelmente caro para carregá-los a seu local de descanso eterno. Segundo a empresa, embora o carro mortuário
ainda não tenha um preço oficial, é improvável ser abaixo de 662 mil
dólares, ou seja, dá quase para comprar dois dos melhores modelos comuns de *Rolls Royce* em vida antes de conseguir um rabecão na morte.
Lançado na maior feira funerária do mundo, a Tanexpo, a exposição
desse super-rabecão trouxe categoria, animação e, o que é mais importante, cobertura da mídia ao que costuma ser um evento sombrio de três
dias (aliás, a Tanexpo? Forma de jogar sal na ferida de todas as pessoas
que nunca verão a luz do sol de novo).

A empresa que se superou com o *Rolls Royce*, Biemme Special
Cars, é uma empresa italiana especializada em modificar carros comuns
para caber um caixão grande de madeira atrás. No passado, eles criaram
rabecões baseados em carro Mercedes-Benz e outros carros esporti-
vos, mas eles realmente foram além com o *Rolls*. Em primeiro lugar, o
modelo escolhido para o *design* básico é chamado Phantom. Vamos di-
gerir isso por um minuto. Isso foi uma piada pronta intencional da parte
da companhia, ou alguma coisa se perdeu na tradução. Então, houve
a decisão de manter o modelo quatro portas do original, com as duas
portas traseiras abrindo para trás, conhecidas popularmente como portas suicidas, aumentando o repertório de piadas prontas que o mercado
funerário aparentemente usa para manter as coisas leves. Se você tiver
uma funerária, apenas lembre-se de tudo isso antes de investir mais de
meio milhão de dólares nesse equipamento.

Não que o investimento não valha a pena. O carro tem colossais
sete metros de comprimento e é feito de 600 partes diferentes. O motor
Rolls Royce de 6,75 litros e 543 cavalos está lá, assim como sua suspen-
são por nivelamento a ar. Então, pelo menos você sabe que sua última
viagem será bem confortável. O rabecão é lindo, na medida do possível,
com janelas grandes e acabamento de alumínio. Mas existe o perigo de
perdê-lo, pois, se tiver opção, a maioria dos ladrões de carros – ou pelo
menos aqueles que não se opõem a roubar um rabecão – provavelmente

escolheria um *Rolls* e não um *Lincoln* ou *Cadillac* – padrão. A boa notícia é que um carro de 7,5 jardas de comprimento se destaca, então, provavelmente, eles logo seriam pegos.

Se você estiver procurando algo mais esportivo, não se preocupe. Há opções. Depois de sua morte em uma queda de avião em 2010, o presidente polonês Lech Kaczynski foi levado para seu local de descanso em um *Maserati Quattroporte* modificado. Considerando o fato de que a empresa de carros italianos só faz três modelos, era esse ou um rabecão conversível.

> Não temo a morte. Fiquei morto por bilhões e bilhões de anos antes de nascer e isso não me causou o menor incômodo.
> Mark Twain, escritor (falecido em 1910)

O mais chique enterro de animal de estimação

George Gordon Byron, sexto barão Byron, mais conhecido como o poeta libertino Lord Byron, era um pouco excêntrico em relação aos animais. Ele manteve uma verdadeira coleção de animais selvagens durante toda a vida, inclusive enquanto estava na Universidade de Cambridge. Quando informado que as regras do dormitório o proibiam de ter qualquer animal domesticado em seu quarto, ele retaliou criando um urso selvagem. A chance de ser espancado até a morte obviamente era um preço pequeno a pagar por defender uma ideia. Byron teve mais ursos durante sua vida, assim como vários papagaios, gatos, macacos e um crocodilo, só para mencionar alguns (para falar a verdade, ele também tinha uma queda por mulheres e, segundo dizem, dormiu com mais de 200 em apenas dois anos). Mas, acima de tudo, ele gostava de cachorros.

> Quando informado que as regras do dormitório o proibiam de ter qualquer animal domesticado em seu quarto, ele retaliou criando um urso selvagem. A chance de ser espancado até a morte obviamente era um preço pequeno a pagar por defender uma ideia.

Um dos cachorros de Byron, um filhote de Terra Nova, chamado Boatswain, era o favorito. O poeta encomendou um retrato do cachorro e o levava para todo lugar. Então, aos 5 anos, Boatswain levou uma mordida de um cão hidrófobo e começou a exibir os sintomas da doença.

Lord Byron se recusou a encarar a verdade e, quando seu amado cãozinho espumava pela boca, ele limpava com as próprias mãos. Quando
o cachorro morreu, em 1808, Byron ficou apoplético de tristeza. Seus
amigos sabiam que, quando ele enfiava uma ideia na cabeça, ficava obcecado por ela e, com a morte de Boatswain, ele levou o luto por um
animal de estimação a novos patamares. Hoje, nós apenas o chamaríamos de rainha do drama.

Primeiro, ele escreveu a seus amigos sobre seu sofrimento, dizendo "Boatswain morreu!...Perdi tudo". Então, ele escreveu um poema
com 26 versos sobre o cachorro, que incluía os seguintes:

...o pobre cão, na vida o melhor amigo,
O primeiro a dar as boas-vindas, na dianteira para defender,
Cujo coração honesto ainda é do próprio dono,
Que labuta, luta, vive, respira somente por ele,
Sem honra se vai, despercebido todo o seu valor,
Negada no Paraíso a alma que tinha na terra...

Nada muito sutil. Apesar dos protestos de seus amigos, Byron, já
bem endividado, gastou prodigamente em um grande túmulo de mármore com uma urna como local de descanso eterno de Boatswain e
seu poema gravado na lateral. Foi a única mudança que ele já fez em
Newstead Abbey, lar herdado por ele. Com tábuas rachadas e salas com
corrente de ar, ele podia lidar, mas túmulos de cachorros eram um negócio sério.

Três anos depois, durante os quais a maioria das pessoas racionais
teria simplesmente comprado um novo animal de estimação e seguido
em frente, o amor de Byron por seu cãozinho morto não esmorecera.
A cripta para abrigar os restos mortais de Boatswain era grande por
um motivo: quando Byron redigiu seu testamento, ele insistiu, contra a
recomendação de seus advogados, que ele também fosse enterrado lá.
Como um gesto de agradecimento a um de seus criados, Joe Murray,
ele lhe ofereceu a honra de juntar-se a eles. Embora Murray aceitasse a
ideia de passar a eternidade junto de seu empregador, ele ficou menos
animado em dividir o espaço com um cachorro.

Lamentavelmente, Byron nunca teve a chance de se reunir com
Boatswain. Ele foi forçado a vender a abadia alguns anos depois e,
quando morreu, em 1842, os novos proprietários não se interessaram
em tê-lo enterrado lá. Até o Canto dos Poetas da Abadia de Westminster
era inacessível para ele, graças à sua reputação de ser "louco, mau e
perigoso" (isso também teria algo a ver com o boato de que ele dormiu

com sua irmã). Em vez disso, ele foi colocado na cripta funerária de sua família. No início do século XX, as pessoas começaram a perguntar por que um dos maiores poetas da história inglesa não tinha pelo menos um memorial em sua homenagem na Abadia de Westminster, e *Ripley's Believe It or Not!* destacou, em uma edição de 1950, que o cachorro do poeta tinha um túmulo maravilhoso e Byron não tinha. Só em 1969, 145 anos após sua morte, ganhou um memorial tão grande quanto o que ele fez para seu amado cãozinho, provando de uma vez por todas que não é uma boa ideia dormir com sua irmã.

O funeral mais importante

Para poder julgar como a morte de alguém é importante, veja quantos grandes nomes vão a seu funeral. Não há competição: o papa João Paulo II teve o funeral mais importante de todos os tempos. O papa teve mais líderes mundiais em seu funeral do que Winston Churchill e mais chefes de Estado do que já estiveram em um lugar além da Organização das Nações Unidas. Quase todo país do mundo enviou pelo menos um representante, exceto a China, que não foi convidada. Esse foi um verdadeiro tapa no rosto, quando você considerar que até o genocida (e atual presidente do Zimbábue) Robert Mugabe estava lá. As religiões ortodoxa, protestante e judaica enviaram vários representantes. O príncipe Charles até adiou seu casamento com Camilla Parker-Bowles para estar presente... mas muitos em sua situação provavelmente teriam procurado qualquer desculpa para fazer o mesmo. Ao todo, pelo menos 200 líderes mundiais foram. Embora não tenha sido o maior funeral de todos os tempos, os 4 milhões de presentes que lotaram a Praça de São Pedro provavelmente fizeram dele a maior reunião cristã da história, maior até do que aquela na liquidação do *shopping* local.

Tão logo o papa morreu, o anel com o qual ele selava seus documentos oficiais foi retirado e esmagado na frente de testemunhas, para que ninguém forjasse documentos em seu nome. A última coisa que a Igreja quer é um documento "descoberto" alguns anos depois dizendo que Sua Santidade achava que anticoncepcionais deveriam ser distribuídos como bala. Seus aposentos pessoais foram trancados, graças aos cardeais do passado que aproveitavam a oportunidade da morte de um papa para saquear suas coisas.

Embora os papas fossem embalsamados no passado, João Paulo II não foi, o que pode ter sido uma escolha pessoal. Ele deve ter ouvido as histórias sobre o desastroso embalsamamento do papa Pio XII, em 1948, depois do qual o cadáver ficou preto e se despedaçou quando foi exibido. O fedor era tanto que os guardas que protegiam o corpo tiveram de fazer um intervalo a cada dez minutos ou passariam mal. Não é de admirar que o corpo tenha sido enterrado antes do planejado. O corpo de João Paulo II começou a ceder aos elementos quando foi enterrado, mas nenhum espectador vomitou, o que foi uma melhora e tanto. O povo da Polônia pediu que o coração fosse removido de seu corpo para ser enterrado em sua pátria, mas a retirada dos órgãos internos de papas é ilegal há quase cem anos e não foi permitida. Isso também significa que qualquer italiano que recebeu um rim novo logo após a morte do papa não pode sair por aí alegando ser infalível.

Seis dias depois terminou a exibição do corpo do papa e começou o funeral, transmitido para milhões de pessoas em todo o mundo. Após a cerimônia de três horas, um pequeno grupo de cardeais e amigos do papa se reuniu no enterro verdadeiro dentro da Basílica de São Pedro. O caixão de madeira simples do papa foi colocado dentro de um de zinco, que por sua vez foi colocado dentro de um esculpido de nogueira. Como o espaço para enterro no Vaticano é apertado, o túmulo de João Paulo foi uma doação, pois era originalmente usado pelo papa João XXIII, cujo corpo foi removido após sua beatificação em 2000. Enquanto alguns papas eram colocados em túmulos ornados, João Paulo pediu um muito simples, coberto com uma placa de pedra. Ele teve seu desejo atendido por alguns anos, mas agora seu corpo foi removido, em preparação para sua esperada santidade, depois da qual ele provavelmente receberá um lugar para descanso mais elegante. Isso só serve para mostrar que, mesmo quando você atrai mais grandes nomes para seu funeral do que qualquer outra pessoa na história, as pessoas param de se importar com o que você queria, uma vez que você já tenha morrido há algum tempo.

O cemitério mais antigo

Em Mateus, 24, Jesus descansa no Monte das Oliveiras em Jerusalém e fala a seus discípulos sobre os sinais do fim dos tempos que os profetas do dia do juízo final interpretaram sem sucesso desde então. Ele também estava nessa montanha quando lamentou sobre Jerusalém, foi traído na base dele, no Jardim Getsênami, e ascendeu aos céus, segundo a Bíblia. Então, por motivos óbvios, a montanha é um lugar muito importante para os cristãos. Mas esse não seria um local típico em Israel se não fosse importante para pelo menos três religiões diferentes que estivessem brigando por ele.

Os judeus reivindicaram o Monte das Oliveiras mil anos antes do nascimento de Jesus. Graças à sua localização um pouco fora da antiga cidade de Jerusalém e seu fértil solo calcário, o monte era um terreno perfeito para enterros. Por milênios, o cemitério aumentou até abrigar de 150 mil a 300 mil túmulos, quase sem espaço para caminhar entre eles. Alguns dos mais antigos são túmulos realmente impressionantes, tradicionalmente associados a alguns dos profetas bíblicos, como Ageu, Zacarias e Malaquias. Esse local continua tão popular para enterros por causa da previsão do profeta do Antigo Testamento Zacarias de que, quando o Messias vier no fim dos tempos, ele descerá no Monte das Oliveiras e o dividirá ao meio. Como, segundo a Bíblia, os mortos também se levantarão nesse momento, ser enterrado no monte significa que você ficaria bem no meio da ação.

Infelizmente, por séculos o cemitério gigantesco não recebeu o respeito que se esperaria para um local sagrado. Por sua altura, o monte era um ponto perfeito para exércitos invasores (e houve muitos deles com os anos) posicionarem as tropas e terem uma boa visão das cercanias. Em 1850, uma cidade vizinha estava doando dinheiro todo ano em uma tentativa de manter a integridade dos túmulos, mas a caridade foi em vão.

A maior destruição ocorreu entre 1948 e 1967, quando o monte ficou sob o governo jordaniano. O rei Hussein (que como você deve ter imaginado não era judeu) aprovou uma grande construção no antigo cemitério, incluindo estradas, um hotel, quartéis do exército e um posto de gasolina. Segundo boatos, algumas lápides foram usadas como materiais de construção gratuitos. Em 1967, Israel recapturou a Jerusalém oriental e o monte, uma ação que depois foi condenada pela ONU. Apesar disso, os enterros recomeçaram no cemitério e acrescentaram mais uma camada ao incidente internacional diário que é o Oriente Médio.

Por causa das tensões frequentes na região, a profanação dos túmulos ainda continua. Lápides foram destruídas e os visitantes foram atacados. Desde 2006, cerca de 13 milhões de dólares por ano foram dedicados a restaurar e proteger os túmulos. Entretanto, policiar os 74 acres por 24 horas por dia é impossível, como você imaginaria. Mas a boa notícia é que os problemas desse antigo cemitério podem ser resolvidos assim que a paz chegar ao país. A qualquer momento, claro.

Não posso morrer. Seria péssimo para minha imagem.
Jack LaLanne, guru do *fitness* (falecido em 2011)

O funeral menos digno

Guilherme, o Conquistador, fez bem para si mesmo. Apesar de ter nascido bastardo em uma época em que esse tipo de coisa era uma grande coisa, ele conseguiu subir na vida na sociedade, herdando o ducado de seu pai, na França, e depois invadindo a Inglaterra e tornando-se rei lá. Mas, ao contrário dos funerais de monarcas atuais, que são abordados com o máximo de atenção aos detalhes e refletem o respeito a que têm direito por suas posições, o funeral de Guilherme foi uma farsa completa.

Para começo de conversa, nem sua morte foi muito digna. Aos 59 anos, ele estava ficando um pouco velho para cavalgar nos campos de batalha como um jovem cavaleiro. Mas ele voltou à sela para sufocar mais uma revolta em 1087 e viveu para se arrepender disso, ainda que por pouco tempo. Seu cavalo se assustou e Guilherme, que nesse ponto estava obeso, foi jogado contra a ponta de sua sela. Segundo muitos historiadores, esse ferimento rompeu algo internamente e ele faleceu logo depois.

Como Guilherme morreu na França, determinou-se que ele seria enterrado lá. Mas como seus filhos e a maioria de seus lordes fugiram para assegurar suas heranças logo depois de sua morte, não havia ninguém importante lá para tomar as decisões sobre seu funeral. Por fim, alguém sugeriu que ele fosse levado para Caen e enterrado na Abbaye-aux-Hommes, que o próprio Guilherme construíra anos antes como penitência por irritar o papa.

O funeral começou bem. Claro, ninguém estava lá, mas ninguém se importou muito com isso. Então o bispo chegou à parte da cerimônia, em que ele pediu para quem tivesse sido prejudicado por Guilherme durante sua vida perdoá-lo pela bondade de seu coração. Um membro da congregação levantou e anunciou que Guilherme roubara a terra onde ele construiu a igreja de seu pai e ele queria um pagamento antes de o rei ser enterrado lá. A cerimônia foi interrompida, enquanto os dignitários arrecadavam dinheiro o bastante para calar aquele cara.

Enfim, chegou a hora de enterrá-lo. Infelizmente, isso foi antes de começarem a embalsamar os corpos na Europa e, bastante tempo depois de morrer, o corpo já grande de Guilherme começou a inchar. Como os homens não conseguiram fechar o caixão, eles tentaram forçá-lo e o corpo do rei falecido literalmente explodiu. O fedor era tanto que todos saíram correndo e o bispo que celebrava a cerimônia basicamente correu com o resto para sair de lá o mais rápido possível.

Eles enfim sepultaram Guilherme, mas as indignidades com seu corpo ainda não tinham terminado. Ele foi exumado e examinado pelo menos uma vez nos séculos seguintes, antes de ser enterrado de novo. Então, no século XVI, uma multidão de protestantes o desenterrou de novo e espalhou seus restos mortais. Como alguém conseguiu recuperar o fêmur do rei, se você for à França e vir a placa impressionante cobrindo o túmulo de Guilherme, saiba que é o único pedacinho que sobrou lá.

O Futuro dos Funerais

Hoje em dia a tecnologia está invadindo a morte quase tão rápido quanto ela se integra à nossa vida, e logo você não precisará apenas de um celular e um *tablet* modernos a cada três meses para continuar atualizado. Quer levar seus equipamentos eletrônicos com você para o túmulo? Sem problema. Acha que seria legal se as pessoas pudessem acessar sua página no *Facebook* em sua lápide eletrônica? Feito. Se você for um ambientalista que quer substituir os métodos funerários tradicionais por algo mais sustentável para a Mãe Natureza, pode achar que está selecionando o enterro mais natural possível, mas relaxe com a certeza de que, em pouco tempo, alguém criará uma forma ainda melhor de garantir que sua morte não provoque nenhum mal ao planeta. Não importa o quanto você ache que está sendo natural ou avançado ao planejar seu funeral, daqui a alguns anos você estará tão ultrapassado quanto estava em vida.

Nadando com os peixes

Se você quiser suas cinzas espalhadas no oceano, mas ainda gosta da ideia de seus parentes poderem visitá-lo de vez em quanto, o Neptune Memorial Reef pode ser o ideal para você. Originalmente concebido como uma recriação da lendária cidade perdida de Atlântida, os criadores perceberam que precisavam de uma forma de manter o dinheiro entrando, enquanto desenvolviam sua visão. Fazer as pessoas pagarem para ser incluídas como parte de seu ambiente subaquático funcionou perfeitamente. Parece que a economia da Morte é sempre solvente.

A cidade atualmente tem a estrutura de um cemitério tradicional, embora os construtores queiram acrescentar mais partes, fazendo desse o maior recife feito pelo homem do mundo. As colunas de cimento, os portões e as estátuas dão um visual sobrenatural ao cemitério subaquático, que já foi fotografado para a *National Geographic*.

Se você quiser ter suas cinzas incluídas nesse mundo subaquático, veja o que acontece: após a cremação, seus restos são misturados com um cimento especial que não se degrada rapidamente. O cimento pode ser moldado no formato que você quiser, embora o tamanho e a complexidade afetem o custo. Algumas pessoas escolheram uma tábua plana com uma placa que se parece com uma lápide regular, enquanto outras quiseram formatos de temática náutica, como conchas. Os monumentos mais caros são as estátuas de leão guardando os "portões" do cemitério. Basicamente, seu desejo é uma ordem em se tratando de seu marcador fúnebre – desde que se pague por isso. Quando o cimento com seus restos secar, um mergulhador o leva para baixo e o coloca no local.

Embora apenas cerca de 300 pessoas tenham sido adicionadas à "cidade" até agora, os criadores dizem ter espaço para 125 mil pessoas, o que o colocaria entre as maiores necrópoles. E, embora visitar o local na costa da Flórida possa ser agradável para algumas pessoas, muitos amigos e parentes teriam de aprender a mergulhar primeiro. Atualmente, muito mais turistas do que familiares visitam o local. Enquanto mergulhar custa apenas 80 dólares, reunir-se ao local para sempre custa em torno de 2 mil dólares.

Se você estiver preocupado com o impacto ambiental, o Departamento de Administração de Recursos Ambientais já fez um estudo sobre os jovens recifes e concluiu que não só não afetava a área, como a ajudava fornecendo áreas vivas para espécies que não eram vistas na região havia anos. O coral já começa a crescer nas colunas e monumentos e várias criaturas marinhas fazem do recife seu lar. E, como um bônus, haverá alguns paleontólogos bem confusos daqui a alguns milhões de anos.

Quando a morte social encontra a real

Conforme os *video games* se aprofundam mais, os jogadores forjam ligações profundas com pessoas do outro lado do planeta. Isso é verdade, principalmente quando se trata de um *massive multiplayer on-line role-playing games* (MMORPG – jogos de *rpg* com muitos jogadores *on-line*), como *World of Warcraft* (WoW), em que toda a sua experiência de jogo é intensificada pelas pessoas encontradas *on-line*. Em muitos casos, esses indivíduos nunca se encontram fora do mundo de fantasia do computador, mas podem passar horas por semana conversando e saindo juntos em aventuras. Esse tipo de investimento de tempo faz as pessoas que se encontram nesses ambientes virtuais acharem apropriado fazer um funeral se um membro do time morre. Como viajar pelo país ou para o outro lado do mundo para o funeral oficial da vida real provavelmente está fora de questão, que melhor forma de celebrar a vida de seu amigo do que no jogo, em que todos se encontraram e se conheceram?

Isso é exatamente o que uma facção de WoW (um grupo de jogadores que se encontra na Internet para completar as tarefas juntos) pensou quando um de seus membros morreu inesperadamente de AVC, em 2006. Eles organizaram uma cerimônia fúnebre dentro do jogo para celebrar sua amiga falecida (ou seu avatar, pois é isso o que tecnicamente "morreu" no jogo). Mesmo acontecendo em um *video game*, os participantes levaram o evento tão a sério quanto um funeral regular e esperavam que os outros respeitassem a ocasião solene.

Mesmo acontecendo em um *video game*, os participantes levaram o evento tão a sério quanto um funeral regular e esperavam que os outros respeitassem a ocasião solene.
Nesse momento, devemos nos perguntar se essas pessoas realmente entenderam a mentalidade da Internet.

Nesse momento, devemos nos perguntar se essas pessoas realmente entenderam a mentalidade da Internet. Seu primeiro erro foi realizar o funeral em um cenário que permitia às pessoas atacar e matá-los no mundo virtual. Como eles tiveram outras opções, isso foi um baita descuido. Praticamente todo mundo sabe que as pessoas na Internet nem sempre são respeitosas em relação à morte – meio como a máfia. Então, quando vazaram as notícias sobre seus planos para o funeral, uma facção rival chamada "Serenity Now" decidiu invadir o funeral e matar todo mundo – também como a máfia. Um dos participantes gravou o ataque e o vídeo de sete minutos está *on-line* até hoje.

Embora a Serenity Now tecnicamente não tenha quebrado nenhuma regra – afinal, o jogo é sobre lutar contra outros jogadores –, os fóruns de WoW se encheram de pessoas perguntando se o que eles fizeram foi socialmente correto. A opinião se dividiu, com muitos dizendo que a facção que fez o funeral deveria saber o que poderia acontecer. Seja qual for a opinião, todos aprenderam sua lição. Embora os funerais eletrônicos ainda ocorram nos *games on-line*, não houve nenhum relato de ataques durante o evento. Se uma proteção for colocada no lugar, os funerais virtuais podem ser o caminho do futuro, com todos os parentes juntos do próprio avatar, chorando ao lado de um caixão digital. É o fim dos canapés no velório.

Caixões e computadores

Para pessoas que gostam de tecnologia e parafernália fúnebre, computadores e caixões formam um diagrama de Venn. Então não seria uma surpresa os *nerds* combinarem os dois na vida e na morte.

É isso mesmo, você nem precisa estar perto da morte (mesmo se sua vida social morreu há muito tempo) antes de ter todos os benefícios de um caixão de computador. Um entendido em tecnologia usou seus talentos para converter um caixão adulto em um *case* para seu PC. O caixão branco, quando fechado, não parece diferente de um caixão normal, exceto pelos fios saindo do lado. Mas, se você abrir o lado da cabeça do caixão, encontrará um monitor incrustado na tampa. A outra metade do féretro abriga o computador, que, quando é ligado, solta um brilho laranja por uma cruz cortada na tampa. A moderação mais difícil provavelmente foi onde pôr a mesa para o teclado, que teve de ser cortada no fundo do caixão. Agora, esse não é o modelo de *case* mais prático do mundo, considerando que você precisaria de uma escrivaninha de 1,90 metro ou 2 metros de comprimento que suporte uma quantidade de peso decente. E, se o cara que o criou, algum dia, conseguiu levar uma garota para casa, o grande caixão em seu quarto a desanimaria (a menos que você fosse Robert Pattinson e a coisa toda fosse brilhante). Porém, se você não quiser arrumar o negócio e ter um caixão adulto, você pode acrescentar só um toque do macabro com dois alto-falantes de 60 centímetros de altura no formato de caixões. Embora não estejam disponíveis para venda, isso não impediu alguns usuários anônimos da Internet de modificar seus alto-falantes assim. Parece que na tecnologia a morte é um tema popular. E garotos góticos e fundos consignados também formam um diagrama de Venn natural.

Mas, e quando você morre? Precisa abdicar dos computadores para sempre? Claro que não. Se você aprendeu alguma coisa, tem gosto pra tudo na vida após a morte. Quando William Alan Watson morreu, em 2009, com 57 anos, seu irmão decidiu que o *nerd* da computação merecia passar a eternidade em uma de suas amadas máquinas. Watson ter sido cremado ajudou. Seu irmão esvaziou um antigo computador SPARCstation e verificou se todos os buracos estavam plugados. No velório de Watson, as pessoas escreviam suas despedidas em *post-its* e depositavam-nos na abertura do disquete. Uma placa foi acrescentada com o nome de Watson, datas e a frase: "Teletransporte-me, Scotty. Já acabei por aqui". Aparentemente, Watson citou *Jornada nas Estrelas* logo antes de morrer, esperando talvez que acordasse em um episódio, o que significa que toda a coisa do computador faz muito mais sentido. A urna em forma de computador fez tanto sucesso que, apesar de seus planos originais de enterrá-la, as filhas de Watson começaram a reconsiderar a decisão. Pelo menos desde que ele se destacou de outros "reinícios" fúnebres.

Pego meu jornal, olho a página dos obituários
e, se não estou lá, sigo em frente como sempre.
Patrick Moore, astrônomo

Diamantes são eternos

Dizem que um diamante é o melhor amigo de uma garota, mas agora esse ditado se aplica tanto metafórica quanto literalmente. Olhe, analisando bem, as pessoas são feitas em grande parte de carbono, assim como aquelas pedras preciosas, de modo que faz sentido algum empresário aparecer com a ideia de pegar restos humanos cremados e transformá-los em verdadeiros diamantes. Assustador? Sim. Fascinante? Com certeza!

Em 2002, uma empresa de Chicago chamada LifeGem anunciou que aperfeiçoou o processo para criar gemas de alta qualidade com os restos mortais cremados de seu ente querido. Eles não são diamantes reais por não terem se formado no subsolo após centenas de milhares de anos de calor e pressão naturais, mas, hoje em dia, os diamantes sintéticos, não aqueles feitos de recém-falecidos, são quase tão comuns nas joalherias quanto seus correlatos naturais. Portanto, a tecnologia para formar diamantes dos mortos não estava tão atrasada assim.

E os mortos nem precisam ter morrido recentemente para você ter um par de brincos ou uma bela pedra incrustada em seu relógio. Em 2007, a LifeGem pegou um tufo de cabelo de 200 anos de Ludwig van Beethoven, extraiu um pouco do carbono e usou-o para produzir um diamante azul de meio quilate. A empresa o colocou no eBay, pedindo 1 milhão de dólares por ele, um preço bem ridículo por um diamante tão pequeno, não importa de quem tenha sido tecnicamente feito. Pelo menos todo o dinheiro foi doado à caridade. No fim, a pedra foi vendida por uma bagatela de apenas 200 mil dólares.

Em 2007, a LifeGem pegou um tufo de cabelo de 200 anos de Ludwig van Beethoven, extraiu um pouco do carbono e usou-o para produzir um diamante azul de meio quilate. A empresa o colocou no eBay, pedindo 1 milhão de dólares por ele...

Um dos motivos para os compradores terem cautela, e por que alguém que pretenda transformar sua avó em um conjunto de tachas de diamantes também deveria se preocupar, é que não há meios de atestar com certeza que um diamante veio de certa pessoa. Embora a Life-Gem e meia dúzia de empresas parecidas que brotaram desde o início nunca tiveram reclamações sobre a qualidade de seus produtos, o fato é que as pessoas pagam preços exorbitantes por pedras que poderiam ser do mesmo tipo que os diamantes sintéticos que você compraria em qualquer joalheria. Mesmo assim, se você estiver disposto a correr o risco, por uma bagatela de 4 mil dólares pode usar um pedacinho de seu querido defunto pelo resto da vida. Se você realmente gostar da ideia, a LifeGem também se oferece para transformar seus animais domésticos em diamantes. As pessoas obviamente estão interessadas, pois os lucros da empresa aumentam ano após ano e há reportagens sobre eles em todos os lugares, de jornais ao *The Today Show*. Afinal, os diamantes são eternos – e seu animal doméstico antissocial também pode ser.

Expiração ambiental

Há apenas algumas décadas, o objetivo na vida de muita gente era deixar uma marca no mundo, mas, hoje em dia, as pessoas tentam cada vez mais não só garantir que sua existência não cause nenhum tipo de impacto no planeta, mas que elas metaforicamente desliguem as luzes atrás delas quando saírem. Como cuidar daqueles com consciência ecológica? Aí entra o caixão ecológico.

Obviamente, os sepultamentos não são a forma mais ecologicamente correta de deixar o planeta, principalmente se seu corpo estiver cheio de fluido de embalsamamento e seu caixão for feito de madeira processada revestida de chumbo. Com caixões supernaturais, as pessoas podem ter enterros tradicionais, enquanto não fazem nenhum arranhão no meio ambiente. Milhares de pessoas na Europa e na América do Norte pedem enterros naturais, incluindo a atriz Lynn Redgrave e a fundadora da loja Body Shop, Anita Roddick, e os números se multiplicam.

O carpinteiro Peter Lindquist, do Maine, se interessou por caixões ecológicos pela primeira vez por acaso, durante sua aula de marcenaria no colégio. Enquanto tentava criar alguma coisa para fazer para sua avó (que, como ele deve ter pensado, já tinha literalmente tudo), ele se decidiu por um presente que toda mulher saudável de 65 anos adoraria: um caixão. Sim, ele deu um caixão, para a avó, de aniversário. O projeto demorou um ano, e sua avó acabou aceitando-o com bom humor, e ela provou que ainda gostava dele 27 anos depois, ao usar o caixão quando morreu com 92. Agora Lindquist faz caixões simples de pinheiro para aqueles que querem ser enterrados em madeira local não processada.

Na Inglaterra, eles levaram o caixão ecológico além. Afinal, para usar qualquer madeira, você precisa cortar árvores. Você sabe o que é 100% ecologicamente correto? Lã. Não só nenhuma ovelha morre, como a popularidade dos caixões de lã pode ser a coisa que salvará a decadente indústria de lã da Grã-Bretanha. Os esquifes são feitos da lã de até três ovelhas e são completamente biodegradáveis. A maioria das empresas nem os tinge, o que deixa os caixões ainda mais naturais. Eles também podem ser feitos em qualquer tamanho, suportam até 400 quilos e custam uma migalha perante caixões de madeira tamanho grande encomendados. Considerando que os britânicos começaram sua conquista mundial graças ao sucesso da lã, em 1699, fazendo todas as suas colônias, incluindo a América, comprar lã da pátria, nós estaríamos presenciando um mórbido retorno do Império Britânico – via caixões.

Além disso, muitas empresas também estão procurando materiais menos trabalhosos para enterros naturais. Caixões de papelão ficaram populares, mas eles realmente têm o problema infeliz de às vezes quebrar antes de o falecido ser colocado no solo – às vezes durante o funeral. Outras empresas fazem caixões de jornais reciclados, o que não só permite uma construção mais firme, como aumenta o efeito ecológico por reciclar até 120 jornais velhos. Isso dá um novo sentido a reduzir, reutilizar, reciclar, né?

> Todos devem morrer, mas eu sempre pensei
> que meu caso seria uma exceção.
> William Saroyan, escritor (falecido em 1981)

Vida orgânica após a morte

Para algumas pessoas, até ser enterrado em um caixão completamente ecologicamente correto faz muito pouco pelo meio ambiente. Afinal, não importa onde você é enterrado, corpos em decomposição liberam muito dióxido de carbono e, em excesso, ele já está afetando nossa camada de ozônio. E, embora seja improvável que um corpo faça diferença, algumas pessoas estão bastante preocupadas a ponto de contribuir com algumas formas bem futuristas de descartar seus corpos.

Promession

O primeiro é chamado *Promession*. Inventado pela bióloga sueca Susanne Wiigh-Mäsak em 2005, esse processo envolve literalmente chacoalhar um corpo até ficar em pedacinhos. Há algo mais por trás disso, claro, ou os intestinos voariam para todo o lado. Primeiro, o corpo nu é mergulhado em um tanque com nitrogênio líquido e sua temperatura é reduzida a 200 graus negativos. O processo dura até duas horas e nesse ponto o corpo é congelado o suficiente para se despedaçar facilmente – tipo, em menos de um minuto. Então, eles chacoalham o cadáver até todos os restos virarem um pó fino – além de qualquer obturação dentária. Essas obturações, – a perdição da indústria da cremação porque, além de não queimarem, lançam mercúrio na atmosfera, – ainda são um problema na *Promession* e precisam ser retiradas dos restos mortais com ímãs.

Quando o corpo foi reduzido a uma pilha de pó, é colocado em uma caixa feita de algo superorgânico, como batata ou amido de milho. Depois disso, costuma ser enterrado em uma cova rasa com uma árvore plantada em cima. O acréscimo de plantas é importante nos enterros orgânicos, pois representa toda a coisa do Ciclo da Vida, do *Rei Leão*. Esse processo ficou tão popular na Suécia que a inventora recebeu um prêmio do rei e outros países demonstraram interesse em seus próprios centros. Embora isso possa soar como algo saído do manual de um vilão do James Bond, Wiigh-Mäsak insiste que o processo é "bem agradável". Supomos que ela diga ser para o cadáver...

Resomação

Se você estiver procurando algo ainda mais natural, mas com resultados menos nojentos, a melhor opção é o processo de resomação. A princípio não parece tão diferente do *Promession*, com um corpo colocado em um saco de seda simples e submerso em líquido. Mas esse líquido ferve até atingir uma temperatura de 320 graus. Quando o processo termina, umas três horas depois, os ossos ainda estão intactos, mas são esmigalhados em um pó e voltam para a família. O resto do corpo não é necessariamente algo a que os parentes vão querer se segurar, pois tudo foi reduzido a uma "gosma" marrom. Mas, ei, tudo pelo meio ambiente, certo?

Clonagem do cachorrinho morto

Neste ponto, provavelmente fica claro que as pessoas se importam tanto com o que aconteceu com seus animais de estimação após a morte quanto qualquer ente querido, se não mais. E, embora a clonagem de seres humanos evoque os futuros distópicos horríveis que Hollywood gosta tanto de retratar, ninguém parece demonstrar surpresa com a clonagem de animais de estimação. O que significa, claro, que as pessoas com mais dinheiro do que bom senso gastaram dezenas, em alguns casos centenas de milhares de dólares para conseguir réplicas genéticas exatas de seus animais falecidos. Claro que nenhum desses clientes leu *Cemitério Maldito!* (todos sabem que *existem* animais bonzinhos esperando com toda a paciência em abrigos para serem adotados, certo? Só para saber).

Não seria surpresa que muitos dos primeiros a clonar seus animais deram aos "novos" nomes nada originais. O primeiro animal de estimação clonado comercialmente foi um gatinho, Little Nicky, feito com o DNA do falecido gato da raça Maine Coon chamado Nicky. A dona do Nicky, uma mulher do Texas que se recusou a dizer seu sobrenome, pagou 50 mil dólares a uma empresa sul-coreana para dar a ela a coisa mais próxima de ter seu amado gatinho de volta. Embora ela insista que valeu a pena e que as personalidades dos dois gatos eram semelhantes, sua decisão provocou a ira de grupos protetores dos animais, que tentaram explicar ao público o que o dinheiro poderia ter utilidade para gatos que já existiam e precisavam de lares. Para sermos justos, a dona do Nicky provavelmente gastou a mesma quantia de dinheiro fazendo cabelo e mão naquele ano.

Logo aconteceram mais clonagens. Fizeram cinco clones diferentes de um cachorro chamado Booger para um homem da Califórnia. Depois teve o Double Trouble, clone de um Lhasa Apso chamado, claro, Trouble. Como a dona do Trouble já tinha pago para pintarem um mural gigante do rosto do cachorro na parede de seu apartamento, o fato de a clonagem ter lhe custado 50 mil dólares, e ela estar desempregada na ocasião, obviamente não seriam problemas em sua cabeça. Mas nem todas as clonagens são tão baratas. A clonagem de um labrador chamado Lancelot custou a seus donos 155 mil dólares. Parte da diferença no custo deve-se a como é difícil conseguir um clone viável. Precisou de 84 embriões em cinco mães diferentes para Lancelot nascer.

Embora os animais clonados possam agir de forma semelhante a seus antecessores (ou pelo menos é o que seus donos acham), uma das principais questões enfrentadas pelos donos é: "Por que eles não parecem iguais?". Cachorros podem ter orelhas caídas, enquanto seu clone as tem retas e gatos podem ter cores completamente diferentes de seu original. O fato é que, independentemente do "projeto" genético inicial, durante a gestação, um animal cresce de forma única, isto é, a menos que você tenha o máximo de poder sobre todo átomo e moléculas na criatura em desenvolvimento. Nesse caso, você pode também pular todo o processo de clonagem e começar a nos arrumar alguns belos tubarões-dinossauros.

> Morrer? Eu me recuso, caro amigo. Nenhum Barrymore deixaria uma coisa tão convencional acontecer com ele.
> John Barrymore, ator (falecido em 1942)

Partida com um estouro

Em 20 de agosto de 2005, diversas celebridades se reuniram para o funeral do escritor Hunter S. Thompson. Ele se matou precocemente naquele ano, com 67 anos, e deixou planos detalhados para seu funeral. Ele deveria ser cremado e um canhão deveria ser carregado com suas cinzas em cima de um grande pilar especialmente designado. Seus amigos ricos, incluindo o ator Johnny Depp, garantiram que essa estranha despedida acontecesse exatamente como Thompson pediria. Enquanto suas cinzas eram atiradas no ar, fogos de artifício foram disparados atrás do canhão. Embora o autor gonzo tenha sido provavelmente a única pessoa na história a partir assim, funerais e fogos de artifício não se excluem mutuamente. Mas, ao contrário de Thompson, a maioria das pessoas que têm minicomemorações de 4 de julho em suas despedidas estão, na verdade, nos fogos de artifício.

Vários fabricantes de fogos fazem propaganda de que podem embalar os restos mortais de seus entes queridos em pequenos foguetes e detoná-los em um espetáculo deslumbrante. Ainda mais fabricantes parecem estar abertos à ideia, quando ela é pedida especificamente. Mas a Heaven's Above Fireworks, no Reino Unido, é uma empresa dedicada especialmente a espetáculos comemorativos com fogos de artifício, muitos dos quais incluem pelo menos parte do falecido. E, se você não quiser pagar por um espetáculo completo, também pode comprar fogos que você mesmo pode detonar em casa, permitindo ao falecido participar de literalmente toda comemoração da Noite de Guy Fawkes por décadas. E sim, eles também fabricam fogos com seus animais de estimação mortos.

Mesmo que um ente querido seu não tenha falecido recentemente, seu espetáculo de fogos de 4 de julho pode não ser tão livre de cadáver quanto se esperaria. Uma celebração na Flórida, assistida por mais de

200 pessoas, incluiu os restos mortais cremados de Tom Moore, cuja esposa disse ser uma despedida adequada e que seu marido teria adorado "partir com um estouro". Em Indiana, em 2008, uma cidade homenageou Meredith Smith, o homem que começara suas comemorações com fogos de artifício 40 anos antes, incluindo-o nas explosões. Smith solicitou doações para o primeiro espetáculo de fogos da cidade e continuou a organizá-los sozinho por quatro décadas. Quando ele morreu, com 74 anos, sua esposa pediu que algumas de suas cinzas fossem usadas na celebração daquele ano, achando que seria o único tributo adequado à sua memória. Embora seus filhos tenham ficado céticos no início, acabaram concordando e a família se reuniu para encher os foguetes. Eles até fizeram camisetas comemorativas especiais para a ocasião. Aposto que elas terão muito uso depois da grande despedida...

A arte está morta

Até onde sabemos, não há exatamente uma falta de tinta ou argila no mundo, mas isso não impediu os artistas modernos de sempre procurar pela próxima coisa controversa e experimentar diferentes meios. Um dos mais estranhos é o uso de cinzas humanas na arte. Mais de um artista contemporâneo decidiu que a melhor forma de impregnar seu trabalho com sentido pessoal é acrescentar uma pessoa de verdade à mistura, literalmente.

Duas empresas com nomes tão parecidos que elas realmente têm avisos em seus *sites* sobre não ser a outra, Art from Ashes e Art in Ashes, usam quantias bem pequenas dos restos mortais cremados de amigos e parentes mortos para fazer pinturas e joias. A mídia nacional destacou as duas empresas e a ideia parece crescer. Embora as peças dessas empresas tendam a ser bem tradicionais, além obviamente do acréscimo dos restos mortais, outros artistas piraram completamente.

Daniel Ortega, do Arizona, faz obras abstratas com mistura de mídias que, segundo ele, ganham um toque a mais com as cinzas. A princípio ele acrescentava coisas como café e cocô de cabra seco, mas então ele teve uma ideia bem assustadora. Muitas veterinárias cremam os animais que sacrificam e os donos não vão buscar os restos. Então ele começou a ligar para veterinárias perguntando se poderia ficar com as cinzas para uma obra de arte. Em certo momento ele começou a incluir os restos dos animais dos quais as pessoas queriam se lembrar, e cobrava até mil dólares por peça. Mas como ele realmente queria passar para os restos humanos, ofereceu uma pintura gratuita para o primeiro que lhe oferecesse as cinzas de um ente querido. Ao contrário das duas empresas mencionadas anteriormente, que usam uma quantia simbólica de cinzas, Ortega usa até 900 gramas dos restos. Mas não se preocupe, você receberá de volta qualquer quantidade de seu ente querido que ele não usar e Ortega promete que "nunca derrubou cinza alguma no chão". Pelo menos até agora...

A artista Wieki Somers deu um passo além, combinando tecnologia de ponta, cinzas e arte quando usou uma impressora 3-D para fazer esculturas de uma torradeira, um aspirador de pó e uma balança com cinzas humanas. Cada uma dessas três peças foi feita com os restos de uma única pessoa, celebrada com uma placa na frente. Ao fazer itens que nós costumamos substituir com naturalidade quando nos cansamos deles com algo tão importante quanto restos humanos, Somers quis examinar até onde iríamos para nos ligarmos pessoalmente aos objetos do cotidiano. Porque isso não é assustador...

A vida é agradável. A morte é tranquila. O problema é a transição.
Isaac Asimov, escritor (falecido em 1992)

A mão gélida da morte

A criogenia ou criopreservação é o processo de colocar um corpo recém-falecido em processo de "congelamento", na esperança de que a pessoa possa reviver no futuro. Embora a maioria dos cientistas concordem que esse desejo é tão realista quanto desejar encontrar um unicórnio, a possibilidade mínima de ter um *iPhone* 27 (completo, com a tecnologia de um *skate* flutuante) basta para algumas pessoas investir dezenas de milhares de dólares na tecnologia.

Além de ser um dos tropos mais usados da ficção científica, a ideia de ficar em algum tipo de animação suspensa por décadas, para ver como será o futuro, tem sido um sonho da humanidade por um bom tempo. Até Benjamin Franklin escreveu que desejava que essa tecnologia existisse na sua época para ele ver o que aconteceria com os Estados Unidos dali a cem anos, o que, em se tratando Franklin, provavelmente significaria apenas transar com mulheres em estilos de roupa diferentes do que ele estava acostumado.

Só nos anos de 1960 a tecnologia finalmente acompanhou a ideia. Em 1967, o primeiro homem, dr. James Bedford, foi congelado, e ele até foi manchete por um período curto, até as mortes 100% certas dos três astronautas da Apolo o tirarem das primeiras páginas. No fim, mortes trágicas de heróis americanos fazem histórias melhores do que as mortes de cientistas malucos. Vai entender!

Porém, aos poucos, as pessoas se interessaram mais pelas possibilidades da criogenia quando, em 1979, sete corpos foram descongelados por acidente. Isso atrasou a tecnologia em anos, porque a chance de acordar durante a administração de Carter era o suficiente para congelar de medo até os mais crédulos. Na década de 1980, alguns casos judiciais famosos levaram a criopreservação a se tornar uma alternativa legal à cremação ou ao enterro em todo o país. Mais recentemente, o governo demonstrou interesse no processo, esperando que, com os avanços na ciência, os humanos possam um dia entrar em animação suspensa e viajar por nossa galáxia. E depois transar com alguns alienígenas, obviamente.

Apenas cerca de 250 pessoas foram congeladas após a morte, desde que a tecnologia ficou disponível, como o famoso jogador de baseball Ted Williams (o boato de que Walt Disney mandou congelar seu corpo é uma lenda urbana). O principal problema é o custo. Como ninguém sabe quanto tempo vai demorar até os humanos avançarem o suficiente para não apenas descongelar os corpos, mas também revivê-los e curar suas doenças, o armazenamento precisa ser pago por pelo menos um ou dois séculos, só por segurança. Você precisa pagar adiantado, porque há uma chance de seus herdeiros não quererem gastar os milhares de dólares de sua herança mantendo um bisavô meio doido congelado. Algumas empresas cobram até 250 mil dólares pelo procedimento.

Se você estiver meio duro, mas quiser ter outra chance, você pode sempre guardar apenas sua cabeça. As pessoas que fazem isso gastam apenas 10 mil dólares, mas eles esperam que seus descendentes consigam colocar seus pensamentos em um computador ou pelo menos esperam poder se juntar a um bando de celebridades em um museu de cabeças um dia, à la *Futurama*.

Mesmo assim, se você vai ter todo esse trabalho só para acordar confuso e sozinho 200 anos depois, você vai querer um amigo peludo com você. Um instituto de criogenia em Michigan abriga tanto animais quanto pessoas. Apesar de que, se você já deu um banho em um cachorro, pode imaginar que visual lamentável eles terão logo depois de serem congelados.

Não que eu tenha medo de morrer.
Só não quero estar lá quando isso acontecer.
Woody Allen, diretor e ator

Energia renovável – estilo cremação

Em 2008, um crematório, em uma cidadezinha na Suécia, não passou em um teste ambiental, pois suas torres de resfriamento estavam inadequadas e teriam de ser substituídas em um processo caro e demorado. Em vez de apenas preencher um cheque e mandar brasa, os proprietários começaram a conversar sobre a interseção entre cremação e ambientalismo, e tiveram uma ideia maluca. O calor e a fumaça dos incineradores não eram apenas desperdiçados, como custavam dinheiro, e eles precisavam de energia para esfriar antes de soltar a fumaça na atmosfera (isso é ainda mais importante na Suécia do que em outros países, porque a elevação resultante na temperatura do ar local de "congelar os mamilos" a "quase suportável" significaria que a terra ao redor dos crematórios se tornava o lugar mais caro para viver). E se houvesse um jeito mais natural? E se, em vez de liberar esse calor, eles o usassem para aquecer os edifícios do crematório e do cemitério? Sua especulação pode muito bem ser o caminho do futuro. Mas se você vive em um punhado de cidades na Europa, já desfruta de uma casa quentinha graças em parte a seus vizinhos recém-falecidos.

> [Se] você vive em um punhado de cidades na Europa, já desfruta de uma casa quentinha graças em parte a seus vizinhos recém-falecidos.

O problema é que queimar um corpo prejudica o meio ambiente. Muito gás é usado durante o processo de cremação, mas a fumaça é o pior. Como todos nós odiamos passar fio dental, a maioria das pessoas tem obturações e, quando queimam, elas liberam mercúrio na atmosfera. Isso precisa ser filtrado antes de a fumaça ser lançada, ou as pessoas que vivem na área vizinha sofrerão de algo chamado "morte". A fumaça também precisa ser resfriada drasticamente. Ela começa em cerca de 2 mil graus e a maioria dos países exige um resfriamento da água até chegar a 150 graus antes de ser aceitável para a atmosfera com uma técnica que é sempre um sucesso em usinas nucleares. A explosão de um crematório pode ser bem menos radioativa, mas você realmente quer conseguir fazer anjos de cinzas na avó de alguém?

Ao redirecionar a fumaça e transformá-la em fonte de potência, os crematórios conseguem reduzir a quantidade de energia usada enquanto reduzem o uso de potência das pessoas que recebem a energia sustentável. Todos ganham com isso! Foi uma surpresa uma reação positiva a uma ideia tão controversa. O teste da Suécia deu tão certo que algumas cidades na Dinamarca também adotaram o caminho dos mortos como combustível. Tantos grandes crematórios participaram que eles até venderam a energia resultante à rede nacional, em vez de diretamente para alguns consumidores. Algumas cidades da Inglaterra consideraram o esquema recentemente e uma delas já usava a potência gerada do calor do crematório para aquecer a piscina local, economizando mais de 20 mil dólares por ano do conselho municipal. Em todas essas cidades, foram feitas pesquisas sobre as opiniões dos cidadãos quanto a esse assunto e a maioria esmagadora reagiu favoravelmente.

Mesmo estando em estágios iniciais, alguns países com taxas de cremação altíssimas, como o Japão, podem achar que aproveitar a potência dos mortos pode ser um passo enorme na diminuição de sua pegada de carbono enquanto, ironicamente, faz mais carbono. Combata fogo com fogo!

Tristeza transmitida pela Internet

Antigamente, se alguém de quem você fosse particularmente próximo (ou se pelo menos você fosse mencionado no testamento da pessoa) morresse, você largaria tudo para ir ao funeral. Não importava se para isso você precisasse dirigir por horas, comprar passagens no último minuto para voos ou tirar folga sem remuneração. Você tinha essa única chance de se despedir de seu ente querido junto com todos e deveria estar lá. Sério, nade em oceanos, atravesse lava quente, o ponto é estar na igreja a tempo ou ser conhecido para sempre como aquele da família que não se importava o bastante para dar as caras no funeral de seu tio-avô. Pelo menos o esgotamento e o fuso horário facilitavam o choro.

Aí entra a tecnologia. Assim como tudo hoje em dia, a Internet facilitou a presença nos funerais. Em algum momento isso ia acontecer. Afinal, ninguém acha estranho se você não puder comparecer a uma importante festa de aniversário e entrar no *Skype* em vez disso, e até casamentos são transmitidos na Internet em vários números, com uma opção de *streaming* disponível agora em muitos locais. Mas havia algo nos funerais que tornava o comparecimento mais importante. Foi a última celebração a aderir à facilidade do mundo moderno, mas, assim como os luditas contemporâneos, que temem a ascensão do *e-book*, um dia as pessoas torcerão o nariz para o luto remoto.

Grandes eventos fúnebres, como o funeral de Michael Jackson, mostraram o caminho para tornar as despedidas pela Internet mais aceitáveis. Agora, cada vez mais funerárias oferecem o serviço e muitas delas viram o número de clientes aumentar até dez vezes nos últimos anos. Em muitos casos, mais pessoas assistem ao funeral pela Internet do que compareçam a ele. A opção sob demanda é ainda mais popular, com aqueles que não puderam assistir ao vivo escolhendo ver a cerimônia depois, porque agora nós estamos em um lugar em nossas vidas em que demandamos tanta conveniência que nós nem nos despediremos dos membros de nossa família ao vivo se isso atrapalhar o episódio de *Mad Men*. Muitas pessoas dizem que assistem cada vez mais às cerimônias, como uma forma de lidar com o luto e refletir nos diferentes aspectos do ritual. Com isso em mente, uma emissora de televisão pode querer transmitir alguns *reality shows* sobre funerais. *How I Met Your Undertaker*, *Desperate Widows* e *Survivor: Not Really* só podem ajudar nesse ponto.

Mas nem todos os proprietários de funerárias estão felizes com esses novos desenvolvimentos. Alguns os rejeitam por não serem tradicionais, outros veem isso como o fim do funeral em geral. Mas as cerimônias transmitidas *on-line* para o público costumam ser mais uma celebração da vida e se concentram menos na pessoa, o que por sua vez deixa toda a experiência fúnebre bem menos assustadora. Alguns alertam, porém, que um dia o funeral físico se tornará desnecessário, pois o papel dos restos do falecido se torna secundário aos recados *on-line* dos convidados e vídeos de memórias. Nesse ponto, nós podemos voltar para os túmulos coletivos e economizar alguns milhares de dólares.

Se você quiser dar uma olhada na transmissão de um funeral, mas ninguém que você conhece morreu, entre apenas em algum *site* de funerária, como a Conley Funeral Home ou a Bailey Family Funeral Home. Embora a maioria tenha proteção por senha em seus serviços de transmissão, assim como em sua conexão sem fio, a maioria não se importa em fornecê-la, o que significa que absolutamente qualquer um pode se despedir de um estranho completo do outro lado do mundo. Ah! O milagre da tecnologia!

Nunca matei um homem, mas li muitos obituários com muito prazer.
Clarence Darrou, advogado (falecido em 1938)

Funerais gordos

Enquanto muitas empresas se concentram nas inovações divertidas, tecnológicas e futuristas para a indústria mortuária, a verdadeira fortuna deve estar em encontrar uma forma de lidar com o alargamento rápido de nossas cinturas. Mais de 1/3 dos americanos são classificados como obesos e o número é crescente, com uma projeção de 50% da população gravemente acima do peso até 2030. Então agora nós recorremos às mesmas técnicas de *marketing* que nos trouxe aqui para começo de conversa e começamos a encomendar coisas "enormes" para os funerais.

Quando as pessoas não dirigiam por estacionamentos por dez minutos tentando encontrar uma vaga a quatro metros da entrada, os caixões vinham com 60 centímetros de largura; agora o padrão é de 68 centímetros. Mesmo isso já não é grande o suficiente para muitos de nossos entes queridos mais rotundos. Algumas funerárias agora também fornecem féretros "tamanho família" com até 1,30 metro de largura, o que também poderia ser um jeito mais barato de partir se você algum dia conhecer gêmeos idênticos magros que morram no mesmo dia. É claro que com um esquife maior vem um jazigo maior. Embora alguns cemitérios tenham começado a vender jazigos mais largos, muitos exigem que os consumidores comprem dois, um ao lado do outro, para acomodar os caixões maiores, ou seja, a mesma indignidade que pessoas mais gordas sofriam em aviões, quando eram forçadas a comprar dois assentos, as acompanha ao túmulo.

Há também preocupações com a segurança. Mesmo os caixões comuns não são muito leves, e os maiores, quando cheios, podem se tornar difíceis de ser carregados pelos funcionários da funerária. Além disso, a menos que os halterofilistas comecem a trocar de carreira aos montes, esquifes mais pesados podem precisar de equipamentos especiais e os rabecões, já muito mais longos e pesados do que seu carro normal, não suportam o peso extra. Em algumas áreas, isso significou um retorno às carroças fúnebres puxadas por cavalos que podem ser mais rápidas e baratas e são projetadas especialmente para carregar cargas mais pesadas. Com todos os aspectos mais complexos e especiais em mente, um funeral gigantesco pode acabar custando 3 mil dólares mais do que um para uma pessoa de tamanho "médio". Se você acha que os comentários feitos por sua irmã magra quando você tem uma terceira pessoa ajudando no Natal são ruins, nem queira saber o que ela dirá quando descobrir isso. Felizmente, quando isso acontecer, você nem conseguirá ouvi-la.

As cremações representam todo um novo mundo de problemas. Como a gordura queima em uma temperatura muito mais elevada do que o resto do corpo, quanto mais gordura, mais demora a cremação. Ela exige também temperaturas mais elevadas, o que, como descobriu um crematório austríaco em 2012, pode ser bem perigoso. A cremação de uma mulher de 200 quilos fez o incinerador esquentar tanto que todo

o edifício pegou fogo. Agora, Áustria e Suíça estão considerando limites de peso para cremações em seus países. Cremar corpos grandes
também soltava dióxido de carbono demais no ar, fazendo crematórios
outrora aceitáveis não atenderem ao controle da complacência ambiental. Quando chegamos ao ponto de nossa gordura arruinar a camada de
ozônio mesmo depois de morrermos, deve ser hora de começar a comer
alguns vegetais. Ou você pode apenas dizer "dane-se" e terminar esse
saco de batatas fritas – afinal, não será mais seu problema.

Restos digitais

No passado você só precisava se preocupar com sua alma (provavelmente) condenada eternamente ao inferno e, em menor escala, com o
que aconteceu com seu corpo quando você morresse. Mas hoje em dia
as pessoas estão preocupadíssimas com algo entre o etéreo e o físico:
seus restos digitais.

Pense nisso. Quando você morre, as pessoas certas saberão todas
as suas senhas e terão acesso às suas contas? Você deve pôr essa informação em seu testamento? Quem fica com a posse de sua coleção de
música, *e-books* e nomes de domínio? Não é surpresa o surgimento
de empresas para ajudar as pessoas a lidar com todas essas coisas e
mais. Nós todos poderíamos resolver essas coisas sozinhos, verdade,
mas isso é o capitalismo em ação, maldito seja!

Quando você morre, as pessoas certas saberão todas as suas senhas
e terão acesso às suas contas? Você deve pôr essa informação em
seu testamento? Quem fica com a posse de sua coleção de música,
e-books e nomes de domínio?

Não é só uma questão de quem fica com o que, é claro. Há também
pessoas que não querem ver certas coisas. Você pode não se importar se
seu irmão encontrar sua grande coleção de pornografia, mas e se for sua
mãe? Bem, essas novas empresas guardarão (de 10 a 30 dólares por ano)
sua informação digital e, quando a hora chegar, eles garantem distribuir
a informação para as pessoas certas. Só não esqueça que você se cadas-
trou. Enquanto algumas empresas pedem que duas pessoas confirmem
sua morte antes de liberar a informação, outras exigem que você con-
tinue a provar que ainda está vivo de vez em quando, em alguns casos
diariamente, ou a informação é enviada, o que se parece muito com uma
chantagem com sua própria vida. Embora seja bem embaraçoso deixar

as pessoas saberem todos os segredos de sua vida digital depois de você morrer, você nunca ouvirá o fim das gozações sobre sua lista de músicas da Britney Spears se ela vazar enquanto você ainda estiver vivo.

Mas todas essas empresas oferecem apenas armazenamento. E se você quiser continuar conectado em todo o momento até o túmulo? Aí que entra a *eTomb*. Esta é uma lápide física real, mas com umas campainhas e apitos informativos *sexy*. Ainda em desenvolvimento, essa lápide especial conterá toda a informação *on-line* sobre o falecido, como suas fotos, a página do *Facebook*, entre outras coisas, e assim as pessoas no cemitério poderiam acessar a informação por *Bluetooth*. Toda a sua informação digital em um só lugar seria uma espécie de memorial eletrônico para o falecido, e os entes queridos poderiam enviar mensagens ou postar pensamentos sobre eles. Sabe como é irritante ir para um jantar em que todos em volta da mesa estão mexendo em seus *smartphones*? Agora, imagine isso em um funeral (cuidado, muitas lágrimas podem estragar a tela). Painéis solares embutidos na lápide a mantêm carregada. Como essa não seria uma experiência *on-line* verdadeira se não fossem pelas trolagens, claro, a *eTomb* também tem proteções para garantir que apenas coisas boas fossem postadas nesse livro de visitas virtual. O membro da família enlutada só precisaria vasculhar e deletar todas as mensagens horríveis que as pessoas dizem de você.

O *eTomb* ainda precisa que o membro da família fique perto do túmulo para acesso, claro. Muitas pessoas têm amigos que só conhecem *on-line* ou que vivem a milhares de quilômetros de distância. Nesses casos, as páginas do *Facebook* e do *Twitter* do falecido tornam-se seus próprios memoriais. Na verdade, quase todas as redes sociais têm políticas oficiais quanto ao que acontece com uma conta quando alguém morre. Sua biblioteca do *iTunes* volta para a Apple, algo que alguns indivíduos estão tentando reverter na corte. O *Facebook* congela sua conta no tempo e não a deleta (isso já levou a reclamações quanto ao *Facebook* recomendar que as pessoas fiquem amigas de recém-falecidos). Um dia, as leis acompanharão a era digital, mas você pode estar mortinho da silva até lá. Pode ser melhor planejar com antecedência – apenas deixe sua senha em seu testamento e espere que seu beneficiário não finja que você voltou do túmulo.

Plastinação

Desde 1979, o alemão Gunther von Hagens aperfeiçoa sua técnica de plastinação para preservar partes do corpo. Quando era estudante de medicina, Von Hagens se inspirou nos modelos médicos, que revestiam os espécimes em plástico por fora, e em um cortador de presunto. Isso mesmo, ele olhou para um cortador e pensou: sabe, eu deveria descobrir uma forma de preservar as partes de dentro dos corpos. Estranho? Sim, mas pelo menos não era um moedor de carne.

Depois de algumas tentativas e erros, Von Hagens criou um processo que funcionou, e patenteou sua ideia na Alemanha e nos Estados Unidos. A solução era retirar todas as partes do corpo que levam à decomposição, ou seja, água e gordura. Trocá-las com polímero líquido em um processo complexo e de passos múltiplos pode praticamente cessar a decomposição dos restos. A princípio, Von Hagens o usou em partes de animais para faculdades de veterinária e pequenas partes humanas para estudo médico. Mas, na década de 1990, ele decidiu apostar tudo e tentou preservar corpos humanos inteiros. Os resultados foram tão extraordinários que Von Hagens organizou uma exposição de corpos inteiros no Japão em 1995. Atraiu mais de 3 milhões de pessoas. Desde então, suas exibições mundiais de corpos se tornaram uma das exposições mais populares e controversas em museus de todo o mundo. Embora aparentemente seja para as pessoas aprenderem sobre os diferentes aspectos da anatomia humana, o fator choque é um motivo enorme para as pessoas aparecerem para ver as exibições macabras.

Hoje em dia, há mais de 400 laboratórios em 40 países trabalhando na preservação de partes humanas de dentro para fora com plástico. Os melhores exemplos e avanços na tecnologia são destacados em uma conferência internacional bianual. Com tantos novos espécimes, a pergunta óbvia é de onde vêm essas partes de corpos? Von Hagens jura que toda a sua obra vem de pessoas que entregaram seus corpos para sua empresa. Desde que ele começou, cerca de 9 mil pessoas se inscreveram – sim, você também pode se tornar um GI Joe gigante de plástico! – com cerca de 90% delas vindo da Alemanha. Mas caso o número de sujeitos dispostos algum dia acabar, ele também defende que a vantagem científica de sua obra tem mais valor do que qualquer necessidade de um consentimento específico, então, se você morrer na Alemanha, torça para sua pose plástica ser boa. Von Hagens também vende algumas de suas obras em uma loja *on-line*. Apesar do fato de haver provavelmente uma perturbadora parte considerável da população que pagaria um bom dinheiro por restos humanos bem preservados, para dar início a uma conversa/como peça decorativa de centro em jantares chiques, as plastinações estão disponíveis apenas para "compradores qualificados", indivíduos ou instituições que só as usarão para pesquisa médica. Acho que isso daria um belo cabideiro!

Morrer, v.: Parar de pecar de repente.
Elbert Hubbard, artista (falecido em 1915)

Empalhando o melhor amigo do homem

Tudo que era velho agora é novo, e uma moda relacionada à morte que começou a voltar com força é mandar empalhar seus animais de estimação depois de morrerem. Assim como muitas de nossas tradições fúnebres bem bizarras, precisamos agradecer aos vitorianos por começar essa tradição. No século XIX, aumentou o número de animais de estimação entre as classes alta e média. Relutantes em se despedir de seus animais amados, muitos donos mandaram empalhá-los e colocá-los na casa. A prática ficou tão popular que a *Punch*, uma importante revista satírica da época, produziu uma história em quadrinhos semanal dedicada apenas a ridicularizar os maus donos e a aparência sem vida da maioria dos animais. Muito como uma revista de fofocas moderna, mas com animais.

Hoje em dia, a tecnologia da taxidermia mudou e agora há dúzias de empresas por aí disputando os direitos de preservar seu animal de estimação falecido. Se você já viu *Scrubs* e achava o labrador empalhado Rowdy a melhor parte da série, agora é hora de fazer sua pesquisa. Existem documentários sobre o assunto e, em 2012, a Animal Planet começou a transmitir um programa de TV sobre um serviço familiar de taxidermia de animais. Embora a ideia possa parecer estranha, muitas pessoas estão interessadas em manter a camada externa de seu animal amado para sempre, para sustentar um mercado diverso. Enquanto alguns taxidermistas se especializam em cães e gatos, outros recebem pedidos para todos os tipos de animais. A parte mais importante é decidir em que pose quer seu animal para a eternidade; embora enrolado como se estivesse dormindo seja a mais popular, as pessoas pedem animais sentados, de olhos "abertos" e às vezes até em poses de ação – permitindo a brincadeira de buscar a bolinha mais longa da história.

A parte mais importante [na taxidermia] é decidir em que pose quer seu animal para a eternidade; embora enrolado como se estivesse dormindo seja a mais popular, as pessoas pedem animais sentados, de olhos "abertos" e às vezes até em poses de ação – permitindo a brincadeira de buscar a bolinha mais longa da história.

Alguns animais empalhados são realmente famosos. O cachorro mais famoso do Japão chamava-se Hachikō, um adorável filhote de
Akita que sempre esperava seu dono chegar do trabalho na estação de
trem todos os dias, de 1923 a 1925, quando seu dono morreu. Embora
Hachikō tivesse vivido mais dez anos, ele nunca se esqueceu de seu
humano querido e aparecia na estação de trem todos os dias na mesma
hora, esperando vê-lo descer do trem (nós esperamos enquanto você
vai buscar uns lenços). Ele se tornou uma celebridade e um símbolo de
lealdade perfeito em um país que era realmente bom nesse tipo de coisa.
Quando o cão morreu, ele foi empalhado e ainda está exposto no Museu
Nacional de Natureza e Ciência de Tóquio.

Enquanto Hachikō foi doado à nação, um animal empalhado adorado recentemente foi vendido por muito dinheiro. Roy Rogers era um
famoso astro do faroeste das décadas de 1940 e 1950 e, na maioria de
seus filmes e séries de TV, andava em seu querido cavalo Trigger. O
próprio Trigger ficou famoso e, quando este morreu, Rogers mandou
retirarem seu couro e montá-lo profissionalmente empinado. O cavalo
fazia parte do Museu do Roy Rogers, mas quando este fechou, em 2009,
Trigger foi arrematado em um leilão. Uma emissora de TV o comprou
por 266.500 dólares. Não se sabe se chegaram a considerar o mesmo
destino para Roy Rogers.

Dá pra ouvir agora?

O mundo está tão conectado agora que você nem desliga quando morre.
Em uma evolução tecnológica séria da tábua de Ouija, funerárias em
todo o mundo relatam um número crescente de pessoas enterradas com
seus celulares. E por que não? Você trabalhou horas a fio para conseguir
três estrelas em todos aqueles níveis do *Angry Bird*, de jeito nenhum
você vai deixá-las para trás.

No Egito antigo, o falecido era enterrado com coisas de que ele
poderia precisar na próxima vida, como tesouro e alguns milhares de
escravos. Hoje em dia, a única coisa de que alguém realmente precisa
para passar bem na outra vida é uma bateria carregada e alguém do lado
de cá para pagar a conta. Isso não é uma piada, pois pelo menos uma
mulher ainda paga a conta do *Verizon* de seu falecido marido mais de
quatro anos depois de sua morte, tudo para que ela e seus filhos continuem a enviar mensagens sobre seus times favoritos. Ela até convidou o
público a participar deixando o número do celular dele gravado na lápide. Então, se ele ouvir suas mensagens de voz no além, provavelmente

vai se perguntar por que mensagens carinhosas de sua família estão intercaladas com trotes de adolescentes dando risadinhas.

Indícios sugerem que essa tendência é popular, principalmente entre aqueles que morrem jovens. Um homem teria sido enterrado com seus fones de ouvido *Bluetooh* bem firmes nos ouvidos, provavelmente porque ele queria ser tão babaca na morte como foi em vida. Outro tema popular é deixar o celular no último volume e então ligar para ele enquanto o caixão desce, o que tem o benefício duplo de literalmente dizer adeus a alguém que você está vendo pela última vez e fazer os coveiros desavisados se borrarem de medo.

Se você for um dos milhões que planejam ser cremados depois da morte, não se preocupe, você ainda não precisa largar seu *iPhone*. Recentemente, muitos familiares atenciosos, mas um pouco mal orientados, começaram a colocar *smartphones* nos bolsos de seus entes queridos obcecados por aparelhos eletrônicos, minutos antes de eles serem colocados na fornalha, uma tendência que logo ficou óbvia quando os cadáveres começaram a explodir no fogo. Agora, muitos proprietários de crematórios colocam celulares na urna com as cinzas para evitar mais desses percalços infelizes.

Mas nenhuma tendência tecnológica estaria completa sem irritar alguns *hippies,* claro. Apesar da falta de números oficiais sobre quantos seguem essa tendência, alguns grupos levantaram a questão de que, embora enterrar cadáveres cheios de formol em caixões revestidos de chumbo seja aceitável, as baterias dos celulares provocam um grande dano ao meio ambiente. Felizmente, como algumas empresas trabalham em celulares "sustentáveis", mesmo se você estiver preocupado com a emissão de carbono de seu avô, não precisará recorrer a um médium para avisá-lo sobre os resultados do campeonato de futebol.

> Nada contra os coveiros.
> Eu só não quero que um deles enterre minha irmã.
> Jessica Mitford, ativista política (falecida em 1996)

Precauções para os completamente paranoicos

Há centenas, se não milhares, de exemplos, na história, de um passado bem remoto até o presente, de enterros prematuros acidentais. O pensamento de acordar de um coma e se ver enterrado vivo é o suficiente para aterrorizar até a pessoa mais racional, mas muitos não se preparam ativamente para essa possibilidade. A única exceção é a prática ainda popular de realizar velórios, que eram feitos originalmente só para garantir que o falecido não se sentasse. Mas alguns indivíduos tiveram ideias criativas para assegurar que, se por acaso eles acordarem a sete palmos, alguém definitivamente vai ouvir.

Uma das formas mais básicas de assegurar que você não esteja sujeito a um enterro prematuro era deixar instruções para alguém espancar seu cadáver. Havia muitos exemplos registrados de "mortos" acordando na mesa da autópsia e, ao insistir que eles sejam espancados, os receosos esperavam que isso respondesse à questão de sua mortalidade de uma vez por todas. Os médicos costumavam cobrar a mais para realizar essas tarefas exaustivas, mas as pessoas pagavam e por isso temos registros de pessoas sendo empaladas e decapitadas antes do enterro, só por desencargo de consciência.

No século XIX, jornais europeus declaravam que os enterros prematuros aumentavam cada vez mais. Seja verdade ou não, isso levou a mais avanços na indústria da "garantia de que você está morto". Pediu-se uma patente para um caixão com um botão na tampa perto na altura do peito. Se o corpo começasse a respirar sem recobrar a consciência seu peito apertaria o botão e acionaria um alarme no escritório do cemitério. Para enterros em túmulos, os caixões eram adaptados com molas para que qualquer movimento abrisse a tampa, algo que deve ter provocado um hilário incidente fúnebre em algum momento. Algumas pessoas enterradas em túmulos também insistiam em ter um martelo e um buril para saírem se ninguém ouvisse seus gritos.

Algumas pessoas enterradas em túmulos também insistiam em ter um martelo e um buril para saírem se ninguém ouvisse seus gritos.

De longe, a precaução mais famosa envolvia ser enterrado com uma corda amarrada no dedo, que tocava um sino acima do túmulo se o defunto acordasse. Isso era usado com um tubo para respirar, para você não sufocar antes de alguém perceber que o sino era de uma pessoa que voltou à vida, e não apenas um gato perdido. Uma variação disso era uma caixa com uma bandeira, que saía quando a corda era puxada, indicando sinais de vida àqueles acima – ou também ajudando muito se os coveiros resolvessem jogar golfe no cemitério.

Apesar dos avanços na tecnologia médica, o medo de ser enterrado vivo ainda persiste. Em 1995, uma empresa italiana começou a oferecer um *kit* de sobrevivência no caixão. Entre outras cortesias, incluía um tanque de oxigênio, um desfibrilador e um microfone para permitir a comunicação entre o futuro cadáver e o mundo externo. E, embora a maioria das pessoas que levam celulares ao túmulo hoje em dia faz isso por motivos simbólicos, há áreas onde levar um telefone e várias baterias "por desencargo de consciência" é popular, principalmente na África do Sul.

Os defensores da cremação apontam há muito tempo um de seus benefícios mais óbvios: é impossível ser enterrado vivo. Mas você corre o risco de ser queimado vivo, claro, então você não sai ganhando de qualquer maneira.

Cinzas ao apogeu

Em 1994, a NASA previu que o enterro espacial nesse momento já seria uma indústria florescente, atraindo em grande parte os fãs de ficção científica e budistas do Japão, porque eles "são bem receptivos à inovação e têm uma abordagem mais calma da morte do que a maioria dos ocidentais". Mas, como eles também previram que em 2010 nós seríamos tratados em hospitais no espaço, claro, suas opiniões devem ser consideradas com cautela. Mas, apesar de alguns reveses, as empresas de enterro no espaço estão tentando se estabelecer na bilionária indústria mortuária.

Começando em cerca de mil dólares, e chegando até 15 vezes mais, você também pode mandar seus restos terrenos para o espaço. Bem, parte deles, aliás. Uma parte bem pequena. Na verdade, uma empresa refere-se a ele como uma "quantia simbólica" ou aproximadamente um grama de suas cinzas. Você nem vai ficar lá para sempre, dependendo de qual pacote escolher; a maioria das opções mais baratas inclui ser mandado para a órbita terrestre baixa em uma cápsula com outros restos. Como tudo que sobe tem de descer, a cápsula cai na Terra e queima na atmosfera um ano depois. Também houve acidentes. Às vezes as coisas dão errado com o voo espacial e, das oito missões dos últimos 15 anos, duas fracassaram.

Além dessas limitações graves, demora anos para você poder mandar seus entes queridos para a imensidão azul depois de morrerem. Até Majel Barrett, a esposa do criador de *Jornada nas Estrelas*, Gene Roddenberry, morto em 2008, ainda não tem data para o lançamento. O próprio Roddenberry foi um dos 24 cujos restos foram na primeira missão de enterro espacial, em 1997. Muitas das pessoas que escolheram essa rota se envolveram com o espaço de alguma forma durante sua vida, com a famosa exceção do professor de faculdade promotor do LSD, Timothy Leary, que, embora possa ter pensado que explorava o espaço sideral enquanto estava sob os efeitos de drogas psicodélicas, nunca realmente tinha ido.

Por enquanto, os enterros espaciais são apenas para humanos, embora as cinzas de um cão policial morto em 2008 tenham sido um passageiro clandestino na mesma nave que levava as cinzas do ator de *Jornada nas Estrelas*, James "Scotty" Doohan. Apenas uma pessoa teve a honra de ter suas cinzas enterradas na Lua: o astrônomo dr. Eugene Shoemaker.

Se a única coisa que o impede de participar de um voo espacial após a morte for o custo, nem tudo está perdido. Alguns estados, incluin- do Virginia e Flórida, estão pensando em dar descontos nos impostos no valor de milhares de dólares para famílias cujos restos de entes queridos sejam mandados para o espaço em seu estado. O objetivo é enfiar o pé na porta do comércio espacial, como um corretor de seguros de vida do século XXI.

Alguns homens estão vivos apenas porque matá-los é contra a lei.Edward W. Howe, editor (falecido em 1937)

Casos Malucos

O s seres humanos se esforçam tanto para se convencer de que a morte é algo que só acontece com os outros que, quando se defrontam com essa realidade, algumas pessoas piram. Por exemplo, você nem poderia imaginar que alguns caras levariam o cadáver de seu amigo para beber, mas isso aconteceu. As pessoas parecem pirar, principalmente em se tratando de roubar qualquer coisa que tenha a ver com mortos – de mercadorias fúnebres, passando por rabecões, até os próprios corpos. Algo sobre estar ao lado de um cadáver parece transformar pessoas, outrora normais, em cleptomaníacas. Às vezes, é o próprio morto que pode tumultuar um funeral, claro, principalmente quando não está morto. Se você quiser provocar em seus parentes um pouco de consternação até após a morte, por que não pegar algumas dicas daqueles que foram antes de você: pedidos malucos, lápides divertidas e pedir um palhaço em seu funeral são formas de chamar a atenção de todos, mesmo depois de você ter morrido há muito tempo.

Hora do pesadelo

Embora o medo de um enterro prematuro seja o bastante para deixar as pessoas meio malucas, se o cadáver conseguir acordar bem na hora do funeral, pode virar uma festa. Ainda que seja difícil ter certeza absoluta sobre os relatos estrangeiros da síndrome da vida repentina, a frequência com que eles parecem ocorrer é impressionante ou preocupante. Aqui estão alguns dos últimos dois anos:

A melhor soneca de todos os tempos

Uma chinesa de 95 anos, chamada Xiufeng Li, decidiu que, apesar de sua idade, a Ceifadora não a pegaria ainda. Infelizmente isso não era o que seu vizinho achava, pois ele passou lá e a encontrou inconsciente no chão de casa. Seu corpo foi colocado em um caixão aberto em sua casa para amigos e parentes visitarem. Imagine o choque desse mesmo vizinho quando foi ao funeral e encontrou um caixão vazio. Li acordou cinco dias depois e estava preparando alguma coisa para comer. Ela declarou que teve um sono maravilhoso no jeito mais tranquilo que só uma mulher de 95 anos pode fazer.

Como transformar um funeral em uma festa

Um garçom de 28 anos, no Egito, deve sua vida a um médico observador. Depois de desmaiar no trabalho com suspeita de ataque cardíaco, o homem foi preparado para um enterro rápido, como pede o Islã. O médico enviado para assinar o atestado de óbito no funeral não gostou de como o corpo estava quente e, depois de alguns testes, determinou que ele ainda estava vivo. A mãe desmaiou quando soube, mas assim que todos se restabeleceram, o funeral virou uma festa "Você está vivo" (também popular em zonas de guerra).

Vivos gratos

Os convidados não responderam tão bem durante o funeral de um iemenita. Enquanto o "cadáver" era baixado no túmulo, ele começou a gritar que estava vivo e que eles iriam matá-lo. Os presentes, compreensivelmente, entraram em pânico, mas se recompuseram e resgataram o pretenso cadáver de seu túmulo. Em um incidente semelhante, um homem declarado morto e mantido em uma geladeira no necrotério na África do Sul acordou alguns dias depois e começou a gritar. Os funcionários "acharam que era um fantasma e saíram correndo". O homem, enfim, foi resgatado, com frio, mas ileso.

Nadou, nadou e morreu na praia

Infelizmente, nem todos os velórios têm um final feliz. Na Rússia, uma mulher sentou durante seu funeral, ficou aterrorizada, sofreu outro ataque cardíaco e morreu... de novo. E um menino brasileiro, que aparentemente morreu de pneumonia, sentou no caixão durante seu funeral e pediu um copo d'água a seu pai. Lamentavelmente, ainda com a família começando a gritar que foi um milagre, o menino se deitou de novo e os médicos que o examinaram depois garantiram aos pais que, daquela vez, com certeza, seu filho estava morto.

Meus pais foram a um funeral e só me trouxeram essa porcaria de crânio

Milhões de anos de evolução conseguiram deixar bem claro em nossa cabeça que corpos são repugnantes e é melhor ficarmos longe deles. Infelizmente, também somos obcecados por famosos e somos colecionadores patológicos de coisas inúteis. Para algumas pessoas, essas duas últimas características conseguem superar qualquer impulso biológico de se afastar do cadáver o mais rápido possível. Em vez disso, alguns olham para parte de um famoso morto e pensam: "Vou pegar um pouco disso".

Há muitos exemplos dessa prática na história, em que as partes roubadas agora estão perdidas para sempre. O coração mumificado de Luís XIV foi removido durante a Revolução Francesa e acabou caindo nas mãos de um ministro inglês que começou a comê-lo. Todo o corpo de Thomas Paine foi desenterrado por um estranho e guardado em um sótão por anos antes de ser perdido para a história. E a sociedade secreta Skull and Bones (Crânio e Ossos), liderada por Prescott Bush na ocasião (pai do presidente Bush Sr.), é acusada de roubar a cabeça de Jerônimo durante a Primeira Guerra Mundial e guardá-la em sua sede, em Yale, até hoje.

Mas alguns pedaços de pessoas que estão alegremente enterrados ainda estão por aí. O mais famoso provavelmente é o cérebro de Albert Einstein. Menos de oito horas depois de sua morte, seus olhos e o cérebro foram removidos durante a autópsia. Dava para ver como o grande físico, sendo conhecida sua inteligência extraordinária, teria pedido que as partes de seu corpo fossem doadas à ciência após sua morte e isso seria uma história linda, exceto por não ter sido o que ele queria. Einstein deixou instruções específicas para a cremação de seus restos. Uma autópsia nem foi necessária, pois não havia nada de suspeito na morte de um homem de 66 anos depois de entrar no hospital com dores graves no peito. O patologista de plantão naquela noite, um homem chamado Thomas Harvey, resolveu que o cérebro de Einstein obviamente deveria ser estudado, provavelmente logo antes de gritar "Yeah! Ciência!" junto com várias reboladas. Quando as pessoas descobriram a verdade, ficaram horrorizadas, mas era tarde demais. Harvey deu os olhos para um amigo e ficou com o cérebro, cortando-o em mais de 200 pedacinhos. Mesmo estudando o cérebro por mais de meio século, os cientistas ainda não encontraram nada que tenha feito isso valer a pena.

O pedaço famoso mais estranho espalhado por aí é na verdade o membro de alguém, quer dizer, o pênis de Napoleão. Embora a procedência seja um pouco mais duvidosa do que a do cérebro de Einstein, parece que o pênis do ex-imperador foi arrancado durante sua autópsia, por acidente ou em segredo. O órgão continuou na família de um padre por décadas, até ser vendido a um americano como parte de um lote dos objetos de uso pessoal de Napoleão (embora nenhum obviamente mais pessoal do que esse). Alguns anos depois, o pênis foi exibido sem um pingo de ironia no Museu de Arte Francesa de Nova York. A mídia enlouqueceu com o órgão, descrevendo-o em termos pouco lisonjeiros como "parecido com uma tira maltratada de couro de gamo", uma "enguia enrugada" e "com 2,5 centímetros e parecido com uma uva". Bem, nós veremos como suas genitálias vão se parecer mais de um século depois de vocês morrerem, repórteres. O encolhimento provavelmente vem com a mumificação.

As extorsões mais tristes

No passado, saqueadores de corpos desenterravam túmulos em geral à procura de corpos para vender aos profissionais da medicina, de modo que as pessoas achavam que seus restos estariam a salvo quando elas fossem embalsamadas, ou pelo menos estivessem enterradas há algum tempo. Não é bem assim. Se você for bem famoso ou se seus parentes tiverem muito dinheiro, até seu corpo putrefato pode valer um bom dinheiro. Criminosos que procuravam por uma grana rápida tentaram pedir resgate de restos mortais por séculos.

Charlie Chaplin e Tassos Papadopoulos

Dois meses depois de Charlie Chaplin morrer, na Suíça, dois mecânicos desempregados desenterraram seu caixão e o esconderam. Acreditando que a viúva de Chaplin pagaria qualquer quantia em troca do corpo de seu marido, os saqueadores de corpos exigiram um resgate de 600 mil dólares. Oona Chaplin recusou na hora, dizendo que Charlie jamais ia querer que ela fizesse uma coisa dessas. Mas ela informou à polícia e, cinco semanas depois, os homens foram presos e os restos do ator, recuperados. Só para ter a certeza de que isso não aconteça de novo, Oona mandou revesti-lo de concreto. Ainda assim, Chaplin pode não querer descansar tranquilo. Em 2010, o corpo do ex-presidente do Chipre, Tassos Papadopoulos, foi roubado de seu túmulo. Para chegar ao corpo, os ladrões tiveram de mover uma pedra de 300 quilos. Embora os detalhes do crime tenham sido mantidos em segredo do público geral, disseram que era um motivo puramente financeiro, não alguma forma extrema de levantamento de peso.

Enrico Cuccia

Você pode não gostar do movimento Occupy Wall Street, mas deve admitir que eles foram bem contidos em se tratando de desenterrar os túmulos de banqueiros ricos e exigir dinheiro por seu retorno, uma necessidade comum encarada por muitos manifestantes. Um movimento parecido na Itália não demonstrou esse tipo de reserva quando, em 2012, chocou todo o país ao roubar o corpo de um tal Enrico Cuccia, basicamente o Warren Buffett da Itália. Rolavam muitos boatos sobre que grupo maluco roubara o corpo e a mídia especulava que poderia ser qualquer um, desde um culto satânico até a máfia (que era conhecida por fazer esse tipo de coisa no passado). Enfim a polícia recebeu um pedido de resgate de 3,5 milhões de dólares em troca do banqueiro. Como o resgate não foi pago na hora, os ladrões ligaram e exigiram o dinheiro. A polícia os deixou esperando e conseguiu rastrear a chamada e chegar ao esconderijo antes de eles desligarem o telefone. O corpo de Cuccia foi recuperado ileso. O filho de Cuccia chamou os ladrões de túmulos de malucos, embora ele parecesse mais confuso pela escolha do corpo, ao ter dito: "Tem tanta gente morta muito mais rica...". Infelizmente para ele, a *Forbes* não publica essa lista.

Abraham Lincoln

Mas nem todas as tentativas de resgate decolam. Em 1876, um falsificador de Chicago foi condenado a dez anos de prisão, e o prisioneiro e um seu amigo, leal e maluco, matutaram um plano audacioso para soltá-lo. Eles resolveram roubar o corpo do falecido presidente Lincoln e exigir 200 mil dólares e um perdão para seu amigo. Embora roubar os restos mortais de um presidente hoje seria suicídio, sem dizer praticamente impossível, Lincoln foi colocado em um sarcófago não lacrado e seu túmulo era trancado com um único cadeado. Havia uma chance bem real de seus restos desaparecerem, se os homens não tivessem convidado um informante da polícia para ajudá-los. Mesmo assim, os pretensos saqueadores conseguiram entrar no túmulo de Lincoln antes de serem afugentados pelo Serviço Secreto.

Jantar com os mortos

Provavelmente não é surpresa que você se recusa a comer um hambúrguer até estar a pelo menos uns 200 metros de distância de cadáveres, mas isso não é algo que preocupe os donos ou patrões do New Lucky Restaurant, na Índia. O café movimentado faz um bom negócio vendendo chá e pãezinhos para consumidores que precisam pular os túmulos para chegar a uma mesa.

O restaurante começou como uma barraca de chá no lado de fora de um cemitério islâmico durante a década de 1950. Depois do funeral de seus entes queridos falecidos, as pessoas então pagavam por alguns refrescos. O negócio era tão bom que a barraca continuou a se expandir, chegando até a beira de alguns túmulos. Em um país onde o espaço é limitado, quando chegou a hora de construir um edifício inteiro, só havia uma coisa a fazer: em vez de perturbar os túmulos no caminho, o proprietário, K. H. Mohammed, simplesmente construiu sobre eles. Como parte deles ficava acima do nível do solo, cercada por grades de metal na altura da canela, não havia mais nada a fazer, além de incorporá-la ao piso.

Como os historiadores acham que os túmulos têm até 500 anos, eles estão bem cuidados. O atual dono os limpa todos os dias e coloca uma flor seca em cada um. Algumas pessoas até acham que eles trazem sorte aos patrões, daí o nome do café. Porém, os novos visitantes podem não se sentir tão sortudos, pois os 12 túmulos ficam em locais um tanto inconvenientes e são um perigo para tropeçar. Mas os garçons são craques na ginga extravagante necessária para deslizar pelo local, como um balé macabro esquisito completo, com refrescos no fim. O New Lucky continua popular até hoje e jovens casais parecem particularmente gostar do ambiente excêntrico. À noite, as mesas e os túmulos são iluminados à luz de velas. Ora, o que poderia ser mais romântico que isso? E, mesmo os túmulos sendo muçulmanos, as pessoas dizem que a tradição hindu de reencarnação torna, literalmente, ficar cercado por todos os lados pela morte, menos assustador para indianos do que seria para os ocidentais. Mas saiba de uma coisa: os mortos nunca pagam suas contas.

A morte será um grande alívio. Não haverá mais entrevistas.
Katherine Hepburn, atriz (falecida em 2003)

Urnas são tão antiquadas

Um dos benefícios da cremação é que você pode providenciar para suas cinzas literalmente fazerem parte de algo que você ama. Mas, embora alguns possam amar a arte, o espaço ou o oceano, outros têm ideias um pouco mais bizarras na mente para seus restos.

James Booth

Que tal se tornar um instrumento da morte? Em 2004, a nativa escocesa Joanna Booth perdeu seu marido James, depois de um caso grave de intoxicação alimentar. Sabendo que seu marido gostaria de partir com um estouro literal, ela teve uma ideia bem original para suas cinzas. James foi um especialista em espingardas clássicas da casa de leilões Sotheby's e ele próprio colecionava armas e caçava. E como o que vai dentro de um cartucho de espingarda é pólvora, e as cinzas são um pó, Joanna resolveu pedir a um fabricante de cartuchos se eles não se importariam em fazer uma mistura especial só para ela, usando os restos cremados de seu marido falecido.

Embora fosse um pouco perplexo, o fabricante concordou e produziu 275 cartuchos da munição especial. Em mais uma lembrança dos dias de carregar armas de seu falecido marido, Joanna convidou os amigos dele para saírem para atirar, mas não sem ter as cápsulas abençoadas por um ministro local. Ele concordou, chamando a coisa toda de "uma dispersão perfeitamente normal das cinzas". Normal deveria significar algo diferente na Escócia, talvez pela abundância de *whisky*. O grupo de caça derrubou mais de cem animais, incluindo perdizes, patos, faisões e uma raposa. Claramente, a munição da morte é bem letal. Embora seu marido nunca realmente tenha pedido para ser lembrado dessa forma, sua esposa garantiu aos jornais locais que ele adoraria tudo aquilo.

Mark Greunwald

Um homem cujos gostos eram um pouco menos sanguinários, mas não menos estranhos, foi Mark Greunwald. Quando Mark morreu, aos 43 anos, de repente, de ataque cardíaco, ele trabalhava como redator e editor da *Marvel Comics* por quase 20 anos. Apesar de sua tenra idade, Mark tinha planejado o que ele queria que fosse feito com suas cinzas e, de alguma forma, atenderam seu desejo. Sabe, ele queria fazer parte de uma revista de quadrinhos ao ter seus restos cremados misturados à tinta e impressos em uma revista que realmente seria vendida ao público.

Não é de se admirar que demorou muito para convencer a *Marvel*. Só um ano depois, em 1997, eles finalmente concordaram em deixar a viúva de Mark misturar suas cinzas na tinta que foi usada em um relançamento de 5 mil cópias de uma das antigas revistas de Mark. Embora a tinta tenha acabado há muito tempo, as cópias ainda aparecem para venda *on-line* de vez em quando. Só saiba que o cara que escreveu a revista gostava muito mais disso do que você e de certa forma está observando você curtir. Vamos esperar que os caras da *Playboy* não tenham a mesma ideia...

Como tirar doce de um defunto

O saque aos túmulos não é mais muito comum no mundo ocidental, mas isso não significa que todos começaram de repente a respeitar os mortos. Significa apenas que as pessoas ficaram mais preguiçosas. Agora, quando as pessoas furtam os cadáveres, é mais provável que roubem caixões abertos em vez de se esforçar tanto para desenterrar alguém. Parte do problema é que, culturalmente, nós na verdade não mudamos desde os egípcios, e nos recusamos a acreditar que não podemos levar nada conosco, ou seja, nós ainda gostamos de ir para o além com alguns de nossos pertences mais inestimáveis. Um exemplo?

Bem, o funeral de Bradley McCombs foi o mais trágico possível. Ele tinha apenas 17 anos quando morreu em uma batida de carro, no dia de Natal em 2010. Mas sua família estava prestes a descobrir que as coisas realmente podiam piorar. Eles tinham colocado alguns dos bens favoritos de Bradley no caixão com ele, incluindo seu *Game Boy*. Então, a funerária organizou um velório. Naquele momento, eles poderiam achar que a última coisa com o que deveriam se preocupar com um caixão aberto seria algum babaca roubando o *Game Boy*, mas foi exatamente isso que aconteceu. Um homem de 37 anos foi confrontado pela família e acabou preso depois de ter roubado vários itens bem na frente de todos.

Game Boys podem ter preço de banana, mas quando Randall Joudan morreu, sua namorada sabia que ele queria partir com sua guitarra elétrica, feita sob medida, no valor de 2 mil dólares. Enquanto o resto de sua ampla e cara coleção de guitarras era exibido em seu funeral, sua Fender Telecaster estava no caixão com ele, envolta em seus braços. Foi demais para um convidado, Steven Conrad, que achou que o instrumento era lindo demais para ficar em uma cripta por toda a eternidade. Como ele conseguiu retirá-la das mãos do morto sem ninguém ver é um mistério, mas, ao ser preso, ele disse: "Isso não é algo que costumo fazer. Eu só tenho um respeito por belos instrumentos musicais". Um comentário que com certeza foi seguido por ele enquanto tocava um solo irado. Obviamente, seu amor pela música vem antes de qualquer respeito básico pelos mortos.

Para vocês não acharem que esse tipo de coisa só rola em funerárias, não se preocupem, quase todo mundo parece procurar caixões dos quais possam roubar algo. Os funcionários de companhias aéreas responsáveis por trasladar o corpo de uma mulher de Cingapura para Bombaim resolveram abrir o caixão e roubar todas as joias usadas pelo cadáver, além de 900 dólares. Por que a morta precisava de dinheiro não está claro, mas o preço de atravessar o Rio Estige provavelmente aumentou com a inflação, assim como tudo.

Por que a morta precisava de dinheiro não está claro, mas o preço de atravessar o Rio Estige provavelmente aumentou com a inflação, assim como tudo.

Embora poucas pessoas vão desenterrar túmulos, às vezes os tesouros que estão lá valem a pena. O cemitério de Nova Jersey, onde Whitney Houston está enterrada, precisou contratar 24 guardas armados para vigiar seu túmulo quando vazaram boatos de que ela foi enterrada com joias no valor de 500 mil dólares. Se ela tivesse lido sobre a história egípcia, saberia que estava pedindo para isso acontecer.

Concursos de caixões

Ninguém gosta de pensar sobre o fato de que a morte virá um dia, mas como nós todos teremos de morrer, por que não descolar uma boca-livre na partida? Essa é a ideia por trás dos vários torneios *Ganhe um Funeral* ao longo dos anos. Quase sempre protestaram dizendo que essas competições eram de mau gosto, mas, sério, tem alguma coisa mais prática, no fim?

Em 1987, um jornal da Geórgia, o *Free Lance-Star*, uniu forças com uma funerária local para chamar a atenção sobre beber antes de dirigir, na esperança de salvar algumas vidas, oferecendo um funeral gratuito para uma pessoa não muito sortuda. Se as pessoas estivessem dispostas a admitir que planejaram beber e dirigir na véspera do Ano-Novo, e se registrassem no escritório do jornal antes do feriado, eles poderiam ganhar um funeral totalmente grátis, se sua decisão estúpida os matasse. O jornal garantiu aos leitores que esperava que ninguém morresse, mas pensava que o concurso faria as pessoas pensarem sobre as realidades de dirigir sob a influência do álcool, ignorando o fato de que os participantes estavam conseguindo um seguro de vida grátis por uma bebedeira na festa do Ano-Novo e um passeio suicida para completar.

A ideia não era exclusiva. O editor do jornal já oferecia prêmios semelhantes em várias publicações há 20 anos. Em 2007, um editor diferente no *St. Mary's Today*, em Maryland, usou uma estratégia semelhante para convencer as pessoas da gravidade de beber antes de dirigir, mas como o jornal só ofereceu um caixão gratuito – e não o funeral completo – ao primeiro que morresse enquanto dirigia bêbado nos feriados, esperava-se que as pessoas pesassem bem suas opções com mais seriedade nesse caso. Afinal, embora os caixões sejam caros, como eles não são a maior despesa no funeral, não parece valer a pena morrer por um.

Em 2011, uma emissora de rádio alemã ofereceu um prêmio de aproximadamente 4 mil dólares àquele que enviasse o melhor epitáfio. A única exigência era que o dinheiro tinha de ser gasto em um seguro que cobrisse depois o funeral do vencedor. As frases não precisavam ser engraçadas ou originais, embora o DJ admitisse que ele preferia que fossem. A ideia era fazer os jovens começarem a pensar no assunto "tabu", considerando as realidades da morte e como ela pode ocorrer a qualquer momento. Acho que os alemães são verdadeiros desmancha-prazeres... Embora um agente funerário estivesse patrocinando o concurso, outros profissionais não o acharam muito engraçado. Principalmente a Associação dos Coveiros Alemães, que achou a competição de mau gosto e chegou ao ponto de abrir um processo que acabou impedindo temporariamente o concurso. Mesmo com alguns se sentindo desconfortáveis com a ideia, a emissora disse que mais de 600 pessoas entraram no concurso e, em certo momento, as cortes comprovaram a legalidade do prêmio.

> Morrer é um assunto muito chato, triste. E meu conselho
> para você é não ter nada a ver com isso.
> W. Somerset Maugham, escritor e dramaturgo (falecido em 1965)

Humor negro

Enquanto há várias montagens de lápides engraçadas na Internet, algumas delas realmente existem. Para alguns é só um reflexo do senso de humor que tinham durante a vida; para outros, é uma forma de seus familiares darem o troco. Mas todas elas são hilárias.

Lápides do Showbiz

Jack Lemmon, para variar, se desvalorizou em se tratando de sua lápide. Ela diz apenas "Entra Jack Lemmon". Com a ideia, claro, de que ele estaria interpretando seu último papel e fazendo isso de forma brilhante e engraçada – como um cadáver. Merv Griffun, mais famoso por criar *Jeopardy!*, mas também apresentador de *talk shows*, disse, a princípio, às pessoas que seu epitáfio seria "Continuem assistindo", mas, antes de morrer, em 2007, ele parece ter mudado de ideia, pois em seu túmulo estava escrito: "Não volto depois dos comerciais". Mel Blanc, o dublador famoso por muitos personagens do *Looney Tunes*, teve seu bordão mais famoso: "É isso aí, pessoal" escrito em sua lápide.

Lápides do Velho Oeste

Os atiradores do Velho Oeste também têm lápides engraçadas. O assassino Robert Clay Allison, que dizem ter sobrevivido certa vez a um confronto com Wyatt Earp, tem duas pedras sobre seu túmulo: a primeira insiste que ele era tanto um cavalheiro quanto um atirador, enquanto a segunda faz uma declaração mais sucinta: "Ele nunca matou um homem que não precisasse ser morto".

Sociedade dos poetas mortos

Uma das lápides hilárias mais famosas, mas também a mais aparentemente improvável de todas, é a de John Laird McCaffrey, no Cemitério Notre-Dame-des-Neiges, em Montreal. À primeira vista, o poema em seu túmulo parece legal, mas um pouco banal:

JOHN,
FREE YOUR BODY AND SOUL,
UNFOLD YOUR POWERFUL WINGS
CLIMB UP THE HIGHEST MOUNTAINS
KICK YOUR FEET UP IN THE AIR
YOU MAY NOW LIVE FOREVER
OR RETURN TO THIS EARTH
UNLESS YOU FEEL GOOD WHERE YOU ARE!
MISSED BY YOUR FRIENDS

John,
Liberte seu corpo e sua alma,
Abra suas poderosas asas
Escale as mais altas montanhas
Jogue os pés para cima
Agora você pode viver para sempre
Ou voltar para esta Terra
A menos que se sinta bem onde está!
Seus amigos sentirão saudades

Só depois de olhar bem você perceberá a mensagem formada pelas primeiras letras de cada verso: *John, Fuck You*. Seus amigos sentirão saudades. Embora isso possa parecer uma pegadinha da Internet, o *site*

Snopes determinou que é de fato 100% real. Um jornal em Montreal entrou em contato até com o homem que gravou a pedra e perguntou a ele sobre isso. Ele disse que só percebeu a mensagem quando terminou, mas fazia sentido, pois a esposa e a amante do homem encomendaram a pedra juntas e disseram que "ela o representava bem". Só para alegrar um pouco, elas também pediram uma borboleta esculpida. Esta também não foi a primeira lápide divertida que pediram para ele fazer. Uma encomenda anterior dizia: "Eu preferia estar em Boston, mas minha esposa me enterrou aqui". Mesmo assim, a lápide com o *Fuck You* vence por pura criatividade.

Costura macabra

Embora cadáveres possam ser usados para o bem, o problema é que o beneficiado não é o morto – a menos, é claro, que ele possa se tornar um *RoboCop*. Precisa ser uma pessoa bem altruísta para deixar seu corpo ser destruído de alguma forma após a morte para o benefício de outros. Porém, mesmo se sua atitude for "Tô morto, e daí?", se você vivesse na Islândia medieval, ainda teria de ser bem magnânimo para ajudar seu amigo após a morte.

Segundo um feitiço islandês, o corpo de um morto (precisa ser um homem, você verá por quê) poderia ajudar alguém a enriquecer. Era importante pedir permissão desse homem antes de ele morrer, ou a magia não funcionaria. Então você pega a permissão de um amigo e espera ele morrer. Isso não está escrito, mas presumivelmente matar a pessoa que o ajuda também não era visto com bons olhos. Mas, ei, se você conseguir se safar...

Quando seu amigo morrer, espere que ele seja enterrado. Então, uma noite antes de começar a decomposição, vá ao cemitério e exume o cadáver. É aí que entra a parte difícil. Você precisa arrancar a pele da parte de baixo do corpo inteira de uma vez só. Enterre-o de novo para ninguém perceber que você acaba de profanar um defunto. Leve a pele para casa, deixe-a secar e depois a tinja como couro. *Boom!*, você acaba de ganhar sua nova incrível calça feita de pele humana. Como você está praticando bruxaria, e também porque usar pele humana não é visto com bons olhos por todos, exceto *serial killers*, e até eles mesmos quase não se safam disso, use sua nova "necro-calça" embaixo da normal. Agora é o momento em que você transforma toda essa obra nojenta em algo bom, mas primeiro você precisa fazer algo mais que as pessoas costumam criticar.

Você precisa arrancar a pele da parte de baixo do corpo inteira de uma vez só. (...) Leve a pele para casa, deixe-a secar e depois a tinja como couro. *Boom!*, você acaba de ganhar sua nova incrível calça feita de pele humana.

Procure uma viúva pobre, quanto mais pobre melhor. Então roube-a. Não muito, afinal, ela quase não tem nada para ser roubado, só pegue uma moeda. É aí que a parte do homem fica importante: coloque a moeda na pequena sobra de pele deixada pelo escroto. Acrescente um pedaço de papel com uma runa nele e veja o saco de sua calça mágica se encher de dinheiro pelo tempo em que a estiver vestindo, o que deveria ser cada segundo pelo resto de sua vida, ou a magia acaba.

Quando você perceber que logo morrerá, passe as riquezas adiante. Para facilitar a vida de seu beneficiário, você pode dar a calça de presente para ele, em vez de fazê-lo esfolar seu cadáver. Enquanto você tira sua perna de um lado da calça, ele deve colocar a dele do outro. Dessa forma a calça ainda é usada de forma contínua. Não está documentado exatamente quando essa prática insana foi vista como tão lucrativa quanto ordenhar um búfalo, mas só podemos supor que o povo islandês realmente precisava de algo excêntrico para aquecer seus colhões para isso ter sido perpetuado por qualquer período.

Se agora você estiver chateado por não ter vivido na Islândia medieval, pode ir até o Museu de Bruxaria e Magia Negra, em Hólmavik, ver uma réplica da calça. Só faça um favor à humanidade e se encarcere depois.

Amor após a morte

Elena Milagro de Hoyos (Helen, para os amigos) tinha apenas 21 anos quando contraiu tuberculose, em 1931. Apesar dos esforços de sua querida família, incluindo todo o dinheiro gasto com um suposto especialista na doença para tratá-la, ela morreu. Helen foi enterrada em um mausoléu gentilmente pago pelo bondoso doutor alemão que não conseguiu salvá-la. Sua família obviamente ficou feliz em ter sua ajuda nesse momento difícil, mas mal sabiam eles o quanto o dr. Carl Tanzler amava sua falecida filha...

Enquanto tratava Helen, o alemão Tanzler caiu de amores por ela. Ele a enchia de presentes, incluindo joias caras. Lamentavelmente, ele era treinado em radiologia e não era especialista no tratamento da tuberculosa como ele fingia ser. Quando Helen morreu, ele não deve ter ficado surpreso, mas com certeza ficou perturbado. Depois de ela ser enterrada no mausoléu que ele construiu, ele a visitava quase toda noite. Mas uma hora isso não era mais o suficiente.

Dezoito meses depois de Helen começar seu descanso eterno, Tanzler decidiu que precisava mudá-la de lugar. Obviamente, a mudança não foi uma decisão só dele. Segundo ele, o fantasma de Helen lhe disse para levar seu corpo para junto dele. Foi o que ele fez. Ele invadiu o túmulo, retirou seu corpo no meio da noite e a levou para sua casa. Ele a colocou na cama, onde a manteve pelos próximos sete anos.

Ele invadiu o túmulo, retirou seu corpo no meio da noite e a levou para sua casa. Ele a colocou na cama, onde a manteve pelos próximos sete anos.

Depois de dezoito meses de sua morte, o visual de Helen não era lá grande coisa, claro, mas Tanzler fez o que pôde para embelezá-la. Ele pôs olhos de vidro no cadáver e usou cabides para segurar seus ossos. Quando seu peito caiu, ele o encheu de farrapos e cobriu sua pele em decomposição com gesso. Ele conseguiu até mandar fazer uma peruca com o próprio cabelo de Helen para colocar na cabeça da falecida. Ele a mantinha impecavelmente vestida e dava um banho de perfume para tentar afastar o cheiro. E toda noite ele se deitava ao lado de sua amada, que se parecia cada vez mais com um manequim ao passar dos anos.

Ele deve ter coberto suas pegadas depois de ter roubado o corpo, porque ninguém pareceu perceber que Helen tinha desaparecido. Porém, em 1940, os rumores de que ele mantinha o corpo dela em sua casa aumentaram tanto que a irmã dela começou a investigar. Quando o corpo foi descoberto, Tanzler foi preso, mas, como o único crime cometido por ele foi roubar um corpo e este prescrevera, segundo a lei da caducidade, ele foi libertado. A mídia nacional descobriu a história, mas, surpreendentemente, a simpatia do público ficou com Tanzler, que, em vez de ser visto como o maluco que era, foi retratado como o último romântico incorrigível. As coisas que as pessoas fazem por amor...

Sínodo do cadáver

Hoje em dia, o Colégio de Cardeais pode eleger um ex-membro da Juventude Hitlerista como papa e ninguém reclama. Mas, na Idade Média, eleger um papa era uma questão cruel, às vezes até mortal. Os papas eram depostos, assassinados, declarados antipapas depois de sua morte, tudo só para ter uma família dominante italiana no trono papal. Mas em 897 d.C., o papa Estevão VII levou seu desafeto por

seu antecessor a novos níveis, quando convocou o que ficou conhecido como Sínodo do Cadáver.

O papa Formoso não foi o maior papa da história, mas também
não parece ter sido tão terrível. Ele na verdade não teve muito tempo
para deixar sua marca, pois só viveu por mais cinco anos depois de as-
cender ao papado. Ele só teve o azar de ser papa quando a Itália estava
em meio a um tumulto político – e pode-se dizer que isso não mudou
muito em 1.100 anos. Mesmo assim, podia ser pior; depois da morte
de Formoso, o papa Bonifácio VI durou 15 anos antes de morrer. Sua
morte repentina preocupou, principalmente porque o mais novo papa,
Estevão VII, estava prestes a provar que era meio maluco.

Cerca de um ano após a morte de Formoso, Estevão mandou exu-
má-lo da cripta na Colina do Vaticano e levá-lo a julgamento. Apesar de
a decomposição já ter começado, Estevão mandou colocar no cadáver as
vestes papais e sentá-lo no trono. Como havia o problema óbvio de um
cadáver não poder se defender na corte, Estevão mandou alguém ficar
atrás do trono e "responder" às acusações apresentadas contra seu antecessor. Formoso foi acusado de mentir e enganar para se tornar papa,
além de não ter sido ordenado. Se fosse condenado, isso invalidaria todas
as decisões tomadas por ele como papa, já que ele nunca tinha sido um
papa de verdade, para começo de conversa. Surpreendentemente, o cara
atrás da cadeira não teve chance de defesa e Formoso foi condenado.

O cadáver foi despojado de suas vestes e teve três dedos cortados.
A princípio, Estevão permitiu que ele fosse enterrado em um cemitério
fora do Vaticano, mas depois mudou de ideia, mandou desenterrar o
pobre Formoso de novo e jogá-lo no Rio Tibre.

Mas Formoso foi vingado. Não só seu corpo foi recuperado e depois enterrado no Vaticano, como Estevão foi deposto, preso e morto.
Além disso, outro sínodo foi convocado, dessa vez, graças a Deus, sem
a presença de um morto, e todas as declarações papais de Formoso foram revalidadas. Só para garantir que não houvesse um ciclo infinito
de sínodos de cadáveres no futuro, os candidatos também votaram para
tornar ilegal o julgamento de um cadáver. Demorou...

A bela arte de simular a própria morte

Se tem uma coisa que você aprendeu na escola é que *Romeu e Julieta* é
a história mais romântica de todos os tempos. E o que Julieta faz para
resolver todos os seus problemas e ficar com Romeu? Ela simula sua
própria morte. A maioria provavelmente parou de ler neste ponto, mas

nós temos certeza de que o fim provou que simular sua morte é uma maneira perfeitamente segura de conseguir o que você quer.

No mundo real, as pessoas não mediram esforços para simular a própria morte por vários motivos, mas, em geral, é para evitar uma acusação criminal, provavelmente porque ter todo esse trabalho só para se livrar de um encontro às escuras seria de matar (literalmente). Sabemos pelo menos de duas pessoas que simularam suas mortes nos ataques do 11 de Setembro, uma para evitar uma acusação de falsificação do passaporte e a outra para sua família receber o dinheiro de suas apólices do seguro de vida.

Connie Franklin

Em 1929, Connie Franklin tentou simular sua morte e, quando foi descoberto vivo, e bem, ele se viu na posição estranhíssima de testemunha em seu próprio julgamento de assassinato. O acusado, ao saber sobre a "morte" de Franklin, levou as autoridades a alguns restos, que ele então foi acusado de criar. Como todas as provas na época apontavam para ele como sendo de Franklin, seu reaparecimento significava que ele foi chamado como uma testemunha de defesa para demonstrar que ele estava muito vivo e, portanto, o acusado não poderia ser condenado por matá-lo. Em se tratando de estratégias legais, essa é praticamente à prova de balas.

Timothy Dexter

Talvez o motivo mais triste para simular a própria morte é ver quantas pessoas aparecerão em seu funeral. Isso mesmo; o plano criado por Ross, em *Friends*, bem depois de o programa cair na mesmice, é algo que pessoas reais tentaram de verdade. O excêntrico do século XVIII, Timothy Dexter, era um autor popular quando simulou a própria morte para ver se as pessoas ficariam tristes quando ele morresse. Embora mais de 3 mil pessoas tenham aparecido em seu velório, nem todas elas passaram no teste em que elas nem imaginavam estar. Sua esposa fracassou completamente, pois, enquanto estava sentada ao lado do caixão, permaneceu impassível e não derramou uma lágrima. Franklin anunciou que estava vivo, dando uma bronca nela na frente de todos por sua falta de simpatia por sua suposta morte. Considerando o doido que seu marido obviamente era, é de surpreender que ele não a tenha pego dançando em volta do caixão e gritando que agora estava finalmente livre.

Amir Vehabovic

Em 2007, um bósnio de 45 anos chamado Amir Vehabovic teve a mesma ideia de Dexter. Mas, enquanto Timothy possa ter curtido alguns discursos emocionantes antes de ele parar a cerimônia com seu descontentamento, Amir ficou bravo desde o início. Como toda a ideia de simular a própria morte servia para ver quantas pessoas apareciam em seu funeral, ele ficou arrasado quando recebeu sua resposta – uma pessoa apareceu. Sua mãe. Furioso, ele escreveu uma carta a todos os seus "amigos" dizendo:

"Eu gastei um dinheirão para conseguir um atestado de óbito falso e subornar os agentes funerários para entregarem um caixão vazio. Realmente achei que vários de vocês, amigos falsos, apareceriam para se despedir de mim. Isso só serve para mostrar com quem você realmente pode contar."

É, quem poderia achar que o tipo de pessoa que anda com um cara que simularia a própria morte não fosse de confiança? Tolinhos.

Só assim um funeral poderia piorar

Como se ir a um funeral já não fosse perturbador o suficiente, uma empresa na Irlanda oferece agora um serviço que absolutamente ninguém pediu – palhaços em funerais. Isso mesmo, alguém achou que levar as coisas que são tão assustadoras para tantos, que fez Stephen King escrever um romance sobre eles, realmente elevaria a atmosfera em um evento já meio horripilante.

Embora seja obviamente a pior ideia que alguém já teve na história do mundo, na verdade ela tem precedentes para suportá-la. Você lembra dos romanos, que já tinham acrescentado um esporte sangrento em seus funerais? Então, eles decidiram que toda aquela morte tinha ficado pesada e precisavam de algo para alegrar o evento. Em suas mentes doentias, a melhor forma de fazer as pessoas rirem de seu parente falecido, de quem tanto sentiam saudade, foi contratar um bobo para se vestir como o falecido. Para dar um passo além, o bobo também usava uma máscara feita especialmente para se parecer com o querido falecido. Imagine aparecer no funeral de seu avô e ver um cara usando uma máscara de *Halloween* do lado do caixão. Embora sair correndo fosse a reação lógica, isso se tornou a parte favorita das despedidas romanas. Para falar a verdade, eles tomavam um monte de drogas.

O trabalho do bobo de funeral era acompanhar o cortejo fúnebre dançando e fazendo palhaçadas. Ele também se aproximava dos membros do cortejo e fazia piadas à custa do falecido, que apenas gritavam em respeito pelo morto. Segundo relatos, no funeral do imperador Vespasiano, o palhaço oficial fez piadas sobre o custo exorbitante do funeral e disse que teria sido melhor jogar o corpo no rio e economizar o dinheiro do povo.

Em 2009, dois palhaços de meio período formaram a Dead Happy Ireland, o equivalente moderno desse festival de piadas romano, e anunciaram como a "primeira empresa de palhaços fúnebres". O fundador, John Brady, teve a ideia quando brincou que gostaria de ser enterrado vestido de palhaço, porque obviamente não era o suficiente para ele aterrorizar as pessoas apenas nesta vida. Embora nenhum dos agentes funerários questionados se lembre de receber um pedido para palhaços em um funeral, provavelmente porque ninguém na Irlanda tenha conseguido ficar bêbado o bastante para fazer isso parecer uma boa ideia, Brady e seu sócio prosseguiram com seus planos. Agora, se você vive na Ilha Esmeralda, poderá contratar um palhaço profissional para um velório, funeral ou enterro, tudo pela bagatela de 150 dólares. Brady garante aos clientes em potencial que os convidados apreciarão as tentativas de leveza e todas as palhaçadas costumeiras serão usadas. "Nós levamos flores que espirram água, fazemos bichinhos com bexigas. Podemos até cair no túmulo se você quiser. Deixe seu ente querido partir com um sorriso". E mande todos os convidados para casa gritando, obviamente. Infelizmente, essa moda parece ter pegado e há rumores de palhaços fúnebres oferecendo seu serviço no Leste Europeu, incluindo uns cuja especialidade é peidar em alto e bom som durante as partes mais tristes da cerimônia. Que lindo isso...

Se você chegar aos 100 anos, você se deu bem na vida, porque pouquíssimas pessoas morrem depois dos 100.
George Burns, comediante (falecido em 1996 – aos 100 anos)

Penetra no próprio funeral

Nós já vimos este filme. Você sai com uns amigos para beber um pouco, vira a noite na farra e acorda na sarjeta, para depois descobrir que você deveria estar morto. Tudo bem, isso pode ser um relato um pouco exagerado de sua balada mais insana, mas, como um brasileiro descobriu, em 2009, embebedar-se para assegurar às pessoas de que você não morreu pode levar a um funeral bem embaraçoso.

O pedreiro Ademir Jorge Gonçalves, de 59 anos, não disse para sua família que passaria a noite bebendo em um posto de gasolina e eles não faziam ideia de onde ele estava. Isso virou um problema quando um homem parecido com Gonçalves, e usando roupas semelhantes, morreu em um acidente de carro naquela mesma noite, e a maioria dos familiares chamados para reconhecer o corpo confirmou que seria seu parente muito vivo. Em algumas partes do mundo, isso teria sido facilmente esclarecido depois que Gonçalves curasse sua ressaca, mas, de acordo com a tradição brasileira, o funeral aconteceu no dia seguinte.

Enquanto isso, Gonçalves tinha acordado (provavelmente cheirando a defunto, mas quase certamente ainda vivo) e, quando ele voltou para a cidade, foi informado que ele não só deveria estar morto, como estava perdendo seu funeral. Ele logo correu para interromper a cerimônia. Para completar a doideira, era o Dia de Finados no Brasil, o que significa que ele estava prestes a aparecer vivo em seu próprio funeral no *Halloween*. Se você não puder pensar em nada que assustaria mais as pessoas, está certo. O choque de ver Gonçalves passar pela porta da Funerária Rainha das Colinas no meio da cerimônia assustou tanto alguns de seus parentes que eles tentaram pular pela janela, o que, se eles tivessem conseguido, teria pelo menos significado que um familiar usaria o caixão naquele dia. O dono da funerária disse que nunca tinha visto algo assim em dez anos no negócio. Nós só podemos esperar que Gonçalves tenha tido a presença de espírito de abrir a porta e dizer algo esperto em um momento em que a maioria das pessoas nunca têm a chance de vivenciar.

Para completar a doideira, era o Dia de Finados no Brasil, o que significa que ele estava prestes a aparecer vivo em seu próprio funeral no *Halloween*. Se você não puder pensar em nada que assustaria mais as pessoas, está certo.

Depois disso, alguns dos presentes disseram que tinham dúvidas quanto à identidade do falecido. No funeral, a mãe de Gonçalves se recusou a acreditar que era seu filho no caixão. O gerente da funerária atribuiu o erro na identificação ao fato de as pessoas não gostarem de olhar cadáveres por muito tempo, principalmente aqueles tão mutilados em acidentes de carro que ninguém consegue saber ao certo quem é. É compreensível.

Tirando a coisa toda de estar morto, o cadáver teve uma boa notícia, pois naquele mesmo dia uma família reclamou o desaparecimento de seu filho. O corpo então voltou para eles e finalmente foi enterrado com o nome correto.

Funerais *drive-thru*

A facilidade de comparecer a um funeral sem sair de seu carro pode soar como uma ótima ideia no mundo corrido atual, mas a ideia para um funeral *drive-thru* tem na verdade 46 anos de idade. A funerária Thorton's Mortuary, em Atlanta, apresentou à sociedade sua modalidade de luto em 1968. Cinco salas na frente do salão tinham grandes janelas de vidro para que aqueles no lado de fora pudessem ver lá dentro. Os carros andavam devagar pela pista e amigos e familiares se despediam. Se eles quisessem deixar uma mensagem de condolências, caixas eram colocadas fora de cada janela para depositar os cartões.

Outra cidade logo copiou a ideia, mas por um motivo muito diferente. Em 1974, a violência das gangues em Compton, um bairro de Los Angeles, começou a respingar nos funerais. Quando um membro da gangue era assassinado, os rivais sabiam que seu funeral seria um lugar fácil para atingir mais pessoas. As retaliações aumentaram muito e colocaram familiares inocentes na linha de fogo. Robert Lee Adams Sr. viu um nicho no mercado, além de uma forma de manter todos seguros. Ele abriu sua própria funerária *drive-thru*, toda com janelas à prova de balas do chão ao teto para as visualizações, e com isso criou um ponto de referência local. Outras pessoas, além dos membros de gangues, logo passaram a pedir despedidas *drive-thru* para seus entes queridos e, em alguns casos, para eles mesmos. O salão abrigou os funerais de vários políticos locais e membros comunitários importantes, visto que o número de pessoas que pode ver os corpos é limitado apenas pelo tráfego. Nem na morte dá para escapar do engarrafamento de Los Angeles.

Logo, uma meia dúzia de outras funerárias com opções para você nem precisar sair do carro brotaram por toda a América, incluindo aquelas na Flórida e em Louisiana. Então, em 1987, um agente funerário de Chicago acrescentou tecnologia à experiência *drive-thru*. Enquanto outras funerárias ficavam limitadas por quantas salas com janelas eles tinham e as horas de operações, a Funerária Gatling instalou telões do lado de fora para ver os corpos lá dentro 24 horas por dia. Mesmo que o sr. Gatling diga que fica ofendido com a comparação com o *drive-thru* de uma lanchonete, é difícil não ver as semelhanças. Para ver o corpo, o motorista aperta um botão e "pede" para um dos funcionários. Então, o falecido aparece na tela por três segundos, mas, apertando o botão mais vezes, os espectadores podem olhar o quanto quiserem – ou pelo menos até a pessoa que está esperando atrás buzinar.

Embora essas visitações não tenham pegado no país todo, algumas pessoas ainda as anunciam como o futuro dos funerais. Os benefícios são óbvios: os idosos não precisam sair do carro, pessoas que não se sentem bem em funerais ficariam menos assustadas e as crianças não vão interromper a cerimônia. Você também não precisa se preocupar em encontrar um lugar para estacionar no meio de uma cidade e, com esse tipo de funeral, as pessoas que trabalham em horas incomuns podem se despedir quando quiserem. Por fim, e talvez o mais importante, ninguém é forçado a ficar em uma sala com parentes que já começaram a brigar pelo testamento.

A morte não é o fim. Ainda falta a briga pela herança.
Ambrose Bierce, escritor (falecido em 1913)

Múmias modernas

A mumificação natural, na qual uma pessoa é encontrada mais ou menos intacta muitos anos depois de morrer, é um belo acidente. Mas poucas culturas desde os antigos egípcios tornaram a mumificação uma prática-padrão. E pouquíssimas pessoas na atualidade pediram para ser mumificadas, mas, quando elas pedem, todas capricham.

O exemplo mais famoso de mumificação moderna é Jeremy Bentham, o fundador inglês do utilitarismo. Bentham acreditava que as pessoas tinham um conceito de morte desnecessariamente mórbido e um medo fútil da dissecação. Ele achava que, se as pessoas realmente vissem mortas em suas vidas cotidianas, a sociedade ficaria curada disso e ele recomendava que as pessoas tivessem cadáveres em seus jardins para melhorar a qualidade de vida, argumentando que, ao serem confrontadas com a realidade da morte diariamente, as pessoas deixariam de ter medo dela. Obviamente meio pirado, Bentham deixou, como última vontade, instruções rigorosas para ser mumificado, e seus amigos muito compreensivos as puseram em prática, depois de sua morte em 1832. Eles conseguiram mumificar tudo, menos seu crânio, e seu corpo ainda é exibido ao público, agora com uma cabeça falsa, usando uma toga e sentado em uma cadeira, em um corredor da University College, London. Isso diz algo bom sobre o inglês que ainda está lá; se seu corpo fosse exibido em uma faculdade americana, quase certamente estaria sempre envolvido em todos os trotes de fraternidade.

Embora os amigos de Bentham tenham feito um bom trabalho, eles chutaram completamente a melhor forma de mumificar um ser humano. Só em 2011 uma equipe de cientistas britânicos realizou um experimento baseado em anos de pesquisa em técnicas egípcias antigas. A única forma de saber com certeza se você descobriu como mumificar alguém é testar em um cadáver humano, claro, e, para sorte dos cientistas, Alan Billis entregou seu corpo por vontade própria para o projeto, depois de ser diagnosticado com câncer de pulmão em estado terminal. Dizendo que "se ninguém se apresentasse como voluntário, nada seria descoberto", Billis chamou o experimento de "muito interessante". Ele morreu com 61 anos e seu corpo foi mumificado depois de um período de três meses secando. O processo foi gravado e transformado em documentário. Embora os cientistas tenham seguido o melhor possível os passos do que teria sido feito com o cadáver do faraó Tutankhamon, eles se esqueceram de remover o cérebro de Billis pelo nariz.

A única forma de saber com certeza se você descobriu como mumificar alguém é testar em um cadáver humano, claro...

Se você achar que a mumificação moderna serve para você, informe-se sobre a religião Summum. Fundada em 1975 por Claude Nowell, acredita na mumificação após a morte. Nowell construiu até uma pirâmide dourada gigante em Salt Lake City, onde seu corpo mumificado seria colocado depois de seu falecimento, em 2008. Embora poucos de seus seguidores pareçam ter seguido o exemplo, seus serviços são bem populares quanto à preservação de animais de estimação. A preservação ritualística recebeu até isenção de imposto como um ato religioso. Os Summum não aparecem para cobrar por seus serviços, mas eles pedem doações.

Veículos de fuga macabros

Você não acharia que um monstro de seis metros de comprimento, cujos ocupantes mais comuns estão mortos, seria o carro ideal para um passeio, mas os ladrões de carros levarão o que conseguirem, e alguns parecem ter uma afinidade por rabecões. De vez em quando aparece uma reportagem de um rabecão desaparecido de uma funerária. Enquanto alguns aparecem aos pedaços, a maioria é descoberta abandonada não muito longe dali. Parece que a ideia de dar um rolê em um caixão gigantesco é bem mais divertida do que a realidade.

Às vezes um rabecão pode parecer um meio de transporte ideal para algo além de cadáveres, como em 1986, quando um italiano roubou 16 ovelhas e, como percebeu que precisava de um meio para levá-las embora, roubou um rabecão também. Apesar da visão ridícula de um rabecão cheio de ovelhas vivas, o homem só foi preso depois de ser parado por excesso de velocidade.

Embora isso seja menos frequente, às vezes os carros são abandonados por motivos óbvios. Olhe, como os caixões são pesados e os corpos embalsamados podem ser deixados na maioria das temperaturas por algumas horas, às vezes, quando um ladrão resolve que um rabecão é uma aquisição perfeita, recebe um acompanhante no passeio. Em 2010, dois homens em Cleveland acharam que seria ótimo usar um rabecão para transportar alguns computadores roubados de um crematório, mas encontraram o veículo ocupado. Destemidos, eles dirigiram um pouco antes de finalmente conseguirem se livrar do corpo. Talvez se sentindo culpados, abandonaram o veículo junto com um bilhete para a polícia, dizendo onde encontrar o corpo, que foi recuperado ileso.

Outro defunto não teve tanta sorte. Em 2011, uma mulher largada na frente de uma funerária à noite, depois de uma briga com sua namorada, achou que um rabecão com as chaves ainda na ignição seria uma dádiva divina. Quando ela foi detida três horas depois, ainda dirigindo o veículo, os policiais descobriram que sua direção errática e as possíveis tentativas de deslocar o corpo provocaram danos sérios à falecida mulher de 85 anos.

Mas talvez o roubo mais ousado da história tenha acontecido em 1986, quando Raymond Allston, de Stockton, Califórnia, roubou um rabecão e um corpo durante o cortejo. Depois de correr junto ao carro por alguns minutos, Allston pulou e caiu em cima do caixão. Obviamente confusos, o motorista e o passageiro saíram correndo do rabecão. Allston então passou para o banco da frente e dirigiu. Ele conseguiu dirigir por vários quilômetros, inclusive escapando da polícia em certo momento, até bater em um carro estacionado. Os demais participantes do cortejo aparentemente nem perceberam que acontecia alguma coisa e o funeral seguiu como o planejado, apenas com 15 minutos de atraso.

> A morte é o último inimigo: uma vez superada, acharemos
> que tudo ficará bem.
> Alice Thomas Ellis, escritora (falecida em 2005)

Cremações malucas

Considerando que a descrição profissional envolve apenas pegar cadáveres e queimá-los, a cremação tem um número surpreendente de escândalos. Mesmo depois que a sociedade passou a ver a cremação como perfeitamente aceitável, alguns da indústria conseguiram atrapalhar tudo.

Um dos problemas mais óbvios na prática é que nem tudo queima. E algumas das coisas inflamáveis no corpo humano valem dinheiro. Com o preço do ouro nas alturas, seis funcionários de cinco diferentes crematórios sul-coreanos resolveram complementar sua renda roubando e vendendo os dentes de ouro que encontravam misturados às cinzas. Um deles conseguiu reunir quase 20 mil dólares antes de ser pego. Se você acha que deveria ser óbvio para os negociantes de ouro de onde essas pessoas conseguiam tantos dentes, está certo. A polícia prendeu três outros homens por receptação do ouro roubado.

Um dos problemas mais óbvios na prática é que nem tudo queima. E algumas das coisas inflamáveis no corpo humano valem dinheiro.

Mas o crime mais perturbador cometido por alguns crematórios é devolver os restos de alguém, ou algo, que não seja de seus entes queridos. Um dos sinais mais óbvios de que você não recebeu as cinzas de sua avó é quando as recebe antes da data descrita no certificado de cremação. O serviço All State Cremation, na Flórida, foi encerrado em 2004, depois de uma mulher perceber que parte do contrato de vinculação legal fora alterado com corretivo. Quando ela o analisou, descobriu que sua família tinha recebido as cinzas seis dias antes de sua parente ter sido cremada.

Pelo menos ela recebeu restos humanos. No escândalo mais famoso que já aconteceu em crematórios, consumidores receberam sabe lá Deus o quê nas urnas. Com certeza não era humano. Em 2002, a Agência de Proteção ao Meio Ambiente respondeu a queixas de algo estranho acontecendo no Crematório Tri-State, na Geórgia. Minutos depois de chegarem, ficou aparente a escala do que testemunhavam. Em vez de colocarem os corpos no incinerador, como ele era pago para fazer, o dono os descarregava em volta da propriedade. Isso parece ter acontecido por anos, pois foram encontrados corpos lá em todos os estágios de decomposição, incluindo alguns esqueletos. Dos 2 mil corpos mandados para o crematório, 339 deles apareceram jogados. O proprietário, Ray Brent Marsh, alegou que o incinerador estava quebrado, mas este, quando testado, funcionou perfeitamente. Apenas 224 dos corpos descartados foram identificados e as famílias informadas. Marsh acabou indiciado em 787 acusações, além de ter enfrentado uma ação coletiva apresentada pelas famílias.

A única coisa que pode ser dita a favor de Marsh é que ele manteve os corpos do lado de fora. Em 2002, um funcionário de um crematório espanhol foi detido depois de ter sido flagrado com os restos parciais de 19 cadáveres em seu carro. Uma busca em sua casa revelou mais 13, que aparentemente estavam com ele por pelo menos quatro anos. Ele pode tê-los conseguido com seu ex-chefe, que já era investigado depois da descoberta de 15 cadáveres em sua casa.

Um morto muito louco da vida real

Você pode supor que as situações no clássico do cinema de 1989, *Um Morto Muito Louco,* jamais poderiam acontecer de verdade, mas você está errado. Parece haver mesmo pessoas que, ao encontrar alguém aparentemente morto, em vez de chamar uma ambulância, sairão para a farra com o defunto.

Em 2011, Robert Young chegou à casa de seu amigo Jeffrey Jarrett e o encontrou inconsciente. Mesmo jurando que não sabia que Jarrett estava morto, carregar seu amigo aos trancos e barrancos para o carro e levá-lo a um bar não faz muito sentido em qualquer situação. No caminho, Young parou para pegar outro amigo, Mark Rubinson, que, felizmente, encontrou completamente vivo. Os dois entraram no carro com seu amigo morto e foram para a cidade. Primeiro, pararam em um bar para beber em memória de Jarrett. Todo aquele sofrimento deve tê-los deixado famintos, porque depois eles foram atrás de nachos. Por fim, foram a uma boate de *striptease*, porque a única forma verdadeira de homenagear o falecimento de alguém é uma dança sensual no colo. Infelizmente para o falecido sr. Jarrett, ele teve de ficar no carro durante toda a diversão. Isso foi duplamente injusto, pois os dois amigos muito vivos pagaram todas as *strippers* e bebidas da noitada com o cartão de crédito do falecido.

Às 4 da madrugada, apenas cinco horas depois de Young ter encontrado o corpo, eles o levaram de volta e o colocaram na cama, antes de chamar um policial para dizer que havia algo de errado com seu amigo. Apesar de afirmarem que não tinham ideia de que fosse algo tão grave como a morte, o boletim de ocorrência dizia que Jarrett estava "obviamente falecido". Quando descobriu o que realmente aconteceu, a polícia prendeu os dois por furto de identidade, falsidade ideológica e abuso de cadáver. Os homens se declararam culpados das acusações mais leves. Jarrett não foi encontrado para comentar o caso.

[Alguns] parentes resolutos colocam à força os restos de seus entes
queridos em malas grandes, dando um novo
sentido à bagagem familiar.

Enquanto os amigos de Jarrett nunca tentaram convencer ninguém
de que Jarrett estava vivo, as pessoas também fazem isso, e muito mais
do que você pensa. O problema é que não é barato trasladar um corpo por longas distâncias. Diante da morte repentina de um parente há
centenas ou milhares de quilômetros de distância de onde eles serão
enterrados, muitas pessoas tentarão colocá-los em aviões como se estivessem vivos. Os comissários conhecem os sinais de alerta: uma pessoa
mais velha, com uma cara meio pálida, usando óculos de sol e "dormindo" sendo empurrada por um jovem. Mas um homem em Miami foi um
pouco mais criativo, ao tentar esconder sua mãe em uma bolsa de viagem, e alguns parentes resolutos colocam à força os restos de seus entes
queridos em malas grandes, dando um novo sentido à bagagem familiar.

Onde houver uma última vontade

Depois de morrer você não tem muito a dizer, bem, sobre nada. A menos
que seus amigos e familiares gostem muito das tábuas Ouija, você per-
de o direito de reclamar das coisas assim que bate as botas. Legalmente,
sua família não precisa nem pôr em prática qualquer plano funerário
que você tenha pedido; se você sempre quis ser atirado ao espaço, mas
eles acham isso uma perda de dinheiro, azar o seu. Portanto, você tem
duas opções para ter controle depois de morrer: (1) descubra como voltar como fantasma para assombrar seus parentes até eles fazerem o que
você quiser ou (2) deixar suas últimas vontades malucas por escrito.

A "Rainha do Mal", Leona Helmsley, deixou toda a sua fortuna
para seu cachorro em um ato mais comum do que você imagina. E um
advogado canadense chamado Charles Vance Miller provocou um *mini
baby boom* em Toronto, quando deixou a maior parte de seus bens para
a mulher local que gerasse mais crianças dez anos depois de sua morte.
Quatro mulheres conseguiram ter nove filhos cada nesse período e racharam o prêmio. Mas, em se tratando de ferrar seus parentes, ninguém
chega perto de Wellington R. Burt.

O barão da madeira valia quase 100 milhões de dólares quando
faleceu, em 1919, ou 1,2 bilhão de dólares na moeda atual. Como parentes de um dos dez homens mais ricos da América, sua família com
certeza ansiava pela leitura de seu testamento. Eles estavam prestes a

levar o maior choque de suas vidas. De seus sete filhos, Burt só gostava de um, e aparentemente nem era tanto assim. Para dar uma lição em sua abominável família, Burt incluiu uma "cláusula restritiva" em seu testamento. Ele deixou para cada um de seus filhos uns 2 mil dólares (menos do que a governanta recebeu), mas não quis doar o resto de sua fortuna para a caridade. Não, ele queria que o dinheiro ficasse na família, só não com qualquer um daqueles membros da família que ele conhecia. Então, seu testamento estipulava que sua fortuna ficasse guardada longe do alcance de seus filhos e netos até 21 anos depois da morte de seu último neto vivo na época de seu falecimento. Essa condição foi finalmente atendida em 2011 e, depois de uma disputa judicial, 12 de seus descendentes, com idades entre 90 e 94, racharam sua considerável fortuna entre eles. Isso é o que eu chamo de dar o troco!

A ideia é morrer jovem o mais tarde possível.
Ashley Montagu, antropólogo (falecido em 1999)

O escultor de vagina

A triste realidade da morte é que, não importa quanto você ame alguém, com o tempo, sua memória dele ou dela começa a desvanecer. Felizmente, durante a vida temos a tecnologia para gravar vozes e tirar fotos e, com isso, você pode se agarrar a uma imagem detalhada de uma pessoa por anos depois da morte dela. Mas isso não bastava para uma mulher na Sérvia. Ele queria ter a certeza de que seu marido tivesse uma lembrança bem literal e *muito* concreta de sua anatomia.

Antes de morrer, Milena Marinkovic decidiu que jamais ia querer que seu marido de 50 anos esquecesse um aspecto de seu casamento – sua vida sexual. Milena deixou uma carta para seu querido marido detalhando seu último pedido: que ele mandasse gravar uma vagina em seu túmulo. No caso de ele não conseguir explicar a imagem certa para o escultor, ela deu algumas fotos pessoais junto com instruções detalhadas. Ela fez isso para seu marido não dar em cima das mulheres depois de ela morrer – embora, francamente, as fotos provavelmente fossem uma lembrança mais lógica nesse caso em vez de uma gravação em pedra a quilômetros de distância de sua casa.

O marido de Milena, Milan, resolveu respeitar seu pedido, mas foi mais difícil do que ele esperava. Quando ele contou aos escultores que ele queria as partes de sua esposa retratadas em uma pequena área atrás de sua grande lápide, a maioria achou a ideia blasfema e recusou-se a fazer. Finalmente, o determinado homem de 72 anos encontrou um homem que concordou em gravar a parte corporal na lápide. Milan ficou feliz com o trabalho, dizendo que estava bem parecido. Esperamos que sua avaliação tenha parado por aí.

Embora a imagem seja bem óbvia depois que você sabe o que é, não dá para negar que parece mais um trilobite (um daqueles fósseis que parecem um tatu-bola gigante) do que uma vagina. Mas a ambiguidade da gravação veio bem a calhar, como quando o irmão da falecida a viu pela primeira vez e a confundiu com uma ave com um bico grande. Seu cunhado resolveu não corrigi-lo, em vez de declarar que seria uma representação da vagina da irmã dele, exposta lá para todos no cemitério verem por centenas de anos. E eles apareceram. Milan disse que pessoas de outros funerais agora visitam o túmulo de sua esposa o tempo todo para ver seus lábios. Com certeza é uma forma de apimentar um evento tão melancólico.

O mundo estranho dos obituários

Quando morre alguém que você ama – ou pelo menos alguém que por um acaso cósmico é seu parente –, você pode se ver de repente forçado a resumir sua vida em algumas centenas de palavras para ler em público. Embora os anúncios de morte tenham sido o padrão há muitos séculos, apenas no século XIX a Grã-Bretanha e os Estados Unidos começaram a ampliá-los, incluindo informações pessoais interessantes sobre o falecido. Assim como qualquer coisa que os vitorianos fizeram com a morte, eles foram além. O obituário mais longo de todos os tempos foi o da própria rainha Vitória, que chegou a 16 mil palavras.

Nós podemos supor que o obituário da rainha tenha sido bem direto e tenha incluído apenas coisas boas sobre ela. Isso é o padrão, claro, pois a maioria não vê com bons olhos lembrar dos mortos insultando-os. Mas os jornalistas têm um código antigo para sugerir coisas ruins sobre uma pessoa, mesmo parecendo perfeitamente amáveis. Por exemplo, "morreu de repente" costuma sugerir suicídio, enquanto "personalidade impetuosa" é um eufemismo para bêbado. Porém, alguns obituários nem se importam com qualquer tipo de código sutil. Quando Dolores Aguilar morreu, em 2008, nenhum de seus 48 descendentes conseguiu pensar em uma coisa legal para dizer dela e, em vez disso, um jornal da Califórnia publicou o seguinte obituário:

"Dolores não tinha hobbies, não fez contribuições à sociedade e raramente teve uma palavra ou ação gentil em sua vida. Falo pela maioria de sua família quando digo que sua falta não será sentida por

muitos, pouquíssimas lágrimas serão derramadas e seu falecimento não será lamentado... Não haverá cerimônia, orações, nem luto para a família que ela passou a vida toda separando."

Essa doeu!

Por mais estranho que isso pareça, várias pessoas viveram para ler seus próprios obituários. O papa João Paulo II viu três deles publicados incorretamente antes de os jornais finalmente acertarem, em 2005. Uma vez, a CNN.com publicou por engano um obituário para Fidel Castro, que, além de errar quanto à questão da morte do ditador, também dizia que ele era um "salva-vidas, atleta e astro do cinema". O líder político jamaicano Marcus Garvey foi morto por seu obituário. Depois de sofrer uma série de derrames, foi publicada uma notícia falsa sobre sua morte no jornal. Garvey ficou tão triste com o tom negativo do texto (que, entre outras coisas, dizia que ele morrera "pobre, sozinho e impopular") que o estresse o matou de verdade. Talvez pior do que falar mal dos mortos seja se enganar com a morte dos doentes.

Os dias do morto congelado

Bredo Morstoel morreu em 1989. Antigo defensor do movimento da criogenia, ele pediu que seu corpo ficasse congelado em uma instituição na Califórnia. Mas, como seus parentes eram ainda mais estranhos do que ele, Morstoel não ficou lá por muito tempo. Em 1993, seu neto, Trygve Bauge, levou o corpo para Nederland, Colorado. O único problema com seu plano era que a pequena cidade na montanha não tinha um instituto de criogenia para manter o cadáver congelado. Mas Bauge não se preocupou. Aparentemente achando que poderia fazer um trabalho tão bom quanto os profissionais, ele colocou o avô em uma cabana atrás da casa de sua mãe.

De alguma forma ele e a mãe conseguiram manter segredo, ainda que todo mês eles pagassem um cara para despejar 800 gramas de gelo seco na cabana para manter o avô congelado. Só depois de Bauge, um cidadão norueguês, ser deportado do país após seu visto expirar e de sua mãe ser ameaçada de despejo é que a verdade veio à tona. Apesar de ter sido despejada de sua casa por não ter conseguido instalar a eletricidade ou o encanamento, sua verdadeira preocupação era que, se ela saísse de lá, o corpo de Morstoel com certeza aqueceria antes de eles encontrarem um novo lar para ele.

Um jornal publicou a história e, em vez de se apavorarem por causa do cadáver no gelo, os locais se uniram para mantê-lo lá. Embora a câmara municipal tenha aprovado uma nova lei (que agora eles perceberam ser necessária por algum motivo) que dizia basicamente: "Ei, é proibido manter mortos em suas casas", eles também incluíram uma cláusula de anterioridade, declarando que o corpo de Morstoel poderia ficar.

A cidade adotou seu defunto congelado, com os comerciantes locais doando dinheiro e equipamento para sua cabana criogênica temporária, e Nederland começou uma celebração anual em sua homenagem, com o sugestivo nome de *Dias do Morto Congelado*. Em um final de semana prolongado em março, locais e turistas participam de concursos de sósias do morto, corridas de caixões e até visitas à cabana de Morstoel. Apesar de serem muito populares e atraírem 10 mil visitantes por ano, as celebrações estão ameaçadas. Em 2012, Bo Shaffer, que teve o trabalho de despejar quase uma tonelada de gelo seco na cabana todo mês por 18 anos, insistiu em um aumento para cobrir os crescentes custos com o combustível para sua viagem de quatro horas, além do preço elevado do gelo seco. Quando seu pedido foi recusado, ele ameaçou se demitir. Shaffer diz que se sente mal, mas insiste que essa é a única forma de atrair a atenção que o trabalho merece. Quando ouviu falar sobre a situação, Bauge, agora de volta aos Estados Unidos, retaliou, ameaçando levar o corpo de seu avô a uma instalação adequada em Michigan. Enquanto isso, os habitantes insistiram que, embora eles fossem sentir saudades de seu morto congelado, as celebrações continuariam sem ele. Afinal, o *show* tem de continuar.

Você quer um caixão combinando com isso?

Se há um tipo de negócio que nunca vai precisar correr atrás de clientes é a funerária. Não importa quantos sejam os avanços médicos incríveis, todos vão morrer um dia e a população que não para de crescer só indica que ainda mais pessoas precisarão dos serviços mortuários no futuro. Mas essa clientela garantida não impediu as funerárias de buscarem formas novas e meio bizarras de expandir seus serviços.

Alguns gerentes funerários começaram pequenos: uma funerária na Pensilvânia instalou uma sala para crianças. Por que tantas pessoas levavam seus filhos para ajudar a escolher caixões é outra história, mas, para acalmar os pequenos, a sala é cheia de brinquedos e de cores alegres, e filmes da Disney passam na TV. Mas é importante saber que filme passar, pois se alguém passar *Bambi* lá, essas crianças vão ficar problemáticas pela vida toda.

Mas não são só as crianças que ficam estressadas em funerárias. Os adultos provavelmente também adorariam ter um lugar para relaxar – ou pelo menos é nisso que um gerente funerário na Carolina do

Sul investiu seu dinheiro. Embora o negócio de Chris Robinson sempre tenha oferecido uma xícara quente de café para os familiares enquanto eles acertam os detalhes da cerimônia, ele percebeu depois de uma reforma que tinha uma sala a mais no edifício: com o espaço exato para um Starbucks. Mesmo não tendo chegado ao ponto de acrescentar uma luz de *neon* de uma sereia embaixo do nome da funerária, seus baristas são todos treinados e usam os icônicos aventais verdes. E, não se preocupe, caso você esteja passando e fique com vontade de uma xícara de café, mas não perdeu um ente querido recentemente, também existe uma entrada separada para o público geral entrar e fazer um pedido.

Se as pessoas aparecem pelo café, uma funerária de Massachussetts espera que eles também fiquem tentados pela comida mexicana. Terry Probst quer tanto que sua funerária torne-se uma parte ativa da vida comunitária que, quando as pessoas precisam aparecer para, sabe, se despedir de alguém, eles já estarão acostumados com o local e se sentirão confortáveis lá. Por isso, ele organiza degustações de chili e noites de jogos de mistério no local. Ele não é o único a tentar fazer melhor uso de seu espaço quando ninguém morreu, pois funerárias em todos os Estados Unidos estão tentando se reinventar como os espaços perfeitos para todos os tipos de festas – não só as deprimentes.

Essa expansão também não se limita à América. Com o colapso econômico na Grécia, muitos times de futebol do país perderam seus patrocinadores. Uma funerária se apresentou para dar suporte financeiro a seu time local, pedindo apenas que a equipe use uniformes negros com uma cruz e um logotipo macabro de um agente funerário neles. Os jogadores dizem que o visual assustador funcionou para eles, pois os adversários ficam apavorados demais para prestar atenção na partida. Todos saem ganhando.

Há duas certezas na vida: esportes e funerais

Os torcedores são loucos. Os mais dedicados cobrem os corpos de tatuagens de seus times, vendem a TV para comprar ingressos para a temporada de jogos e até dão aos filhos os nomes dos heróis de seu esporte favorito. Mas de vez em quando você encontra alguém para quem não basta uma dedicação de uma vida inteira e ele leva seu fanatismo para o túmulo.

Quando o torcedor do Ohio State, Roy Miracle, morreu, sua família quis uma última demonstração do espírito escolar dele. Deitando em seu caixão aberto, ele era o "I" perfeito de OHIO e três de seus familiares formavam as outras letras, tudo isso sorrindo. A imagem se espalhou, mas muitos torcedores se perguntaram por que Roy foi enterrado em um caixão tão chocho, se ele era um torcedor assim tão fanático.

Sabe, fazer caixões temáticos e urnas de times é um negócio surpreendentemente lucrativo. Estão disponíveis a maioria dos grandes times de faculdades, com alguns dos torcedores mais fanáticos, como Texas A&M, com *sites* dedicados apenas à parafernália fúnebre para os ex-alunos que partiram para aquele grande campo de futebol no céu. Enquanto alguns dos caixões permitem uma demonstração mais sutil de torcida por ter o nome do time bordado na parte interna do esquife, outros, principalmente caixões temáticos da NASCAR, são, por algum motivo, completamente adornados por dentro e por fora com logotipos – além de uma bandeira quadriculada indicando que você chegou ao fim da corrida.

Mas não importa o quanto o torcedor médio de futebol americano ou *baseball* possa ser obcecado, eles nem se comparam aos torcedores de futebol. Em alguns países, pessoas são enviadas ao túmulo por causa do time por que torcem e talvez em nenhum lugar o belo jogo seja mais mortal do que na Colômbia. O jogador nacional Andrés Escobar foi assassinado, aparentemente por marcar um gol contra em uma partida da Copa do Mundo de 1994. Mas um adolescente, também da Colômbia, inverteu essa tendência. Depois de ser morto em 2011 durante uma partida local de futebol, os amigos de Christopher Jacome, 17, resolveram que ele precisava assistir a pelo menos mais uma partida de seu time. De alguma forma, eles conseguiram passar pela segurança e entrar com o caixão de Jacome no estádio, onde eles o seguraram no alto por todos os 90 minutos da partida. Embora tenha sido uma bela demonstração de dedicação a seu jovem amigo, o time ficou indiferente e abriu uma investigação para saber como o cadáver entrou no estádio. Como o médico do clube disse: "Esta é a única parte do mundo onde isso aconteceu". Obviamente, o médico nunca foi a um *show* do Meatlof.

Pé na jaula

Junto com a ideia de que a maioria das pessoas deve receber um funeral adequado e respeitoso quando morrem está presente em todos os períodos e culturas, há também um desejo antigo de ver pessoas más receberem o exato oposto. E "ver" literalmente (a maioria, no fundo, gostaria de um belo acidente de trem). Por toda a história, quando indesejados e criminosos recebiam seu castigo final, pessoas de sociedades ditas civilizadas apareciam aos montes para dar uma boa olhada naqueles corpos desenterrados.

Até mesmo em lugares onde as execuções públicas eram raras, as exposições a céu aberto de cadáveres executados não eram. Na época dos romanos, corpos crucificados eram deixados em filas nas estradas para as cidades. Tribos antigas da França e da Inglaterra penduravam em árvores os corpos de prisioneiros executados. Mas, na Renascença, os países europeus construíram áreas e estruturas especiais só para garantir que as pessoas recebiam sua cota de criminosos mortos todos os dias e a questão era bem clara – não faça nada ilegal ou você não será enterrado em solo sagrado.

Um tipo de forca para pendurar pessoas já mortas era construído nas montanhas acima das cidades para exibir corpos para ser vistos de qualquer lugar, e muitas cidades enfileiravam cabeças empaladas em estacas em pontes ou muralhas. E, se alguém fizesse uma coisa muito ruim, todo seu corpo seria exposto em uma jaula sobre o portão da cidade ou sobre um canal. A pessoa nem precisava ser executada para ser exibida assim; Oliver Cromwell foi responsável pela execução de Carlos I e depois teve uma morte natural, mas, quando a monarquia voltou ao poder na Inglaterra, todos estavam bem irritados com ele, e o rei mandou exumar e exibir seu corpo mesmo assim.

Essa moda não se limitava à Europa. Austrália, Canadá e alguns países do Oriente Médio também exibiam seus mortos menos populares. Isso costumava ser um alerta para os outros não serem tão perversos assim. Eles sujeitavam principalmente os piratas à exibição após a morte, como cabeças e corpos pendurados nas entradas de portos, como um aviso para todos que pudessem estar pensando em roubar um navio. Caso não houvesse criminosos o suficiente para encher as jaulas, alguns corpos eram mergulhados em alcatrão, antes de ser expostos, para durarem anos.

> Eles sujeitavam principalmente os piratas à exibição após a morte, como cabeças e corpos pendurados nas entradas de portos, como um aviso para todos que pudessem estar pensando em roubar um navio.

Nem todos eram fãs dessas exibições, claro. Imagine ter de ver um corpo em decomposição todos os dias a caminho do trabalho? Bem, as pessoas também se sentiam assim há uns 500 anos. Durante o século

XIX, a maioria dos países finalmente decidiu que essa tradição não só era bem sádica, como também fedorenta e anti-higiênica.

Embora muitos países não mais aprovem forcas oficialmente, isso não quer dizer que os caras maus ainda não sejam expostos depois de morrerem. Em 1945, o corpo de Mussolini foi pendurado de ponta-cabeça em Milão para os italianos chutarem e cuspirem. Mais recentemente, a tecnologia tomou o lugar das jaulas e imagens dos corpos executados de Saddam Hussein e Muammar Kaddafi encheram a Internet. Quando Osama bin Laden foi morto, um número significativo de pessoas ficou chateado, pois nenhuma foto de seu corpo foi exibida. Mas não tema, quando a tecnologia não conseguir nos entreter com os cadáveres infelizes das mentes criminosas, sempre teremos *Here Comes Honey Boo Boo*.

Índice Remissivo